OPINIONS & PRÉJUGÉS

EN FRANCE

— 1874 —

Par MEUSTHAL

Prix : 2 francs

PARIS

L. LE CHEVALIER, ÉDITEUR

61, RUE DE RICHELIEU, 61

1874

OPINIONS & PRÉJUGÉS

—

1874

IMPRIMERIE MODERNE — BARTHIER, Dr

61, rue Jean-Jacques-Rousseau, 61

OPINIONS & PRÉJUGÉS

EN FRANCE

— 1874 —

Par MEUSTHAL

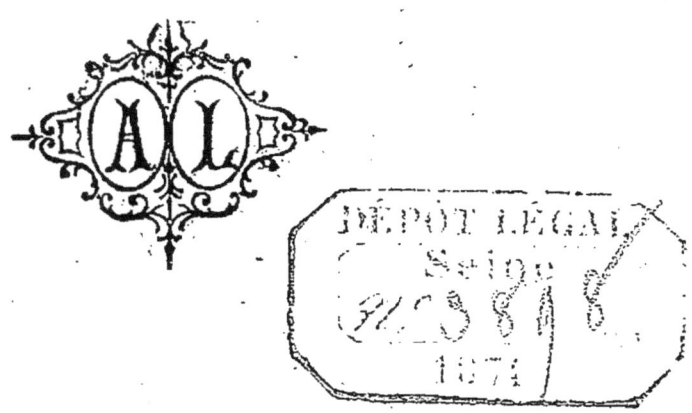

PARIS

L. LE CHEVALIER, ÉDITEUR

61, RUE DE RICHELIEU, 61

1874

MONSIEUR,

Lorsque je dus quitter *l'Italie*, vous me fîtes promettre de vous donner mes impressions sincères sur la situation morale, religieuse et politique de mon pays, de cette France que vous aimez et dont vous tiennent éloigné de constantes occupations, ainsi que la médiocrité de votre fortune.

Je vous envoie donc ma pensée : j'ai essayé de comprendre et d'expliquer de bonne foi les divers mouvements de l'opinion publique, si vivement agitée depuis quatre ans.

J'ai évité avec soin les exagérations ou les atténuations systématiques.

Je sais que je m'adresse à un homme bienveillant et juste, qui préfère l'idée simple, vraie, aux recherches subtiles, et qui a droit à toute ma confiance.

POPULO

—~~—

Connais-toi.

Si toute notre prévoyance ne peut
rendre notre vie heureuse, combien
moins notre nonchalance.

VAUVENARGUES.

PHYSIONOMIE

I. Après le traité de 1871, une seule question oc-
cupa les esprits : la France, bouleversée par un si
grand désastre, pourrait-elle remplir les engagements
que lui imposaient les vainqueurs?

Beaucoup rentraient alors dans leurs foyers violés,
emportant d'une terre avare le souvenir d'amères
souffrances : tous songeaient à reprendre des forces
en vue d'un avenir meilleur.

La révolte vint tout à coup jeter dans les âmes la
douleur et l'effroi, et « ajouter comme un nouveau
désastre à tous les maux de la patrie (1). »

Vous connaissez les lamentables péripéties de cette
guerre civile, qui arrêta l'effort général vers le travail, couvrit Paris de ruines et faillit achever l'œuvre
de destruction prussienne : aventure qu'aurait pu à
peine excuser la pratique sincère d'une excessive liberté, parodie d'autres temps sans la conviction profonde et la lutte immense !

La justice humaine a vengé la nation avec une rigueur presque implacable; les années ont passé et la
colère a fait place à la pitié. La voix de l'opinion

_____

(1) Proclamation du 21 mars 1871.

commande le pardon, en dépit des élections ardentes et des effarements réactionnaires, en dépit même des pamphlets odieux et des prédications malsaines. Il est équitable et non imprudent de tenir compte enfin des agitations de cette triste époque, qui ne pouvaient laisser toutes les âmes maîtresses d'elles-mêmes.

II. Ces grandes tempêtes que Dieu précipita sur la France ont plié, mais n'ont point abattu l'orgueil national.

Une teinte sombre s'est étendue sur la pensée générale, aujourd'hui tournée résolûment vers les améliorations, les corrections ou les sacrifices qui doivent rendre à la patrie une sûre espérance et la considération des autres peuples.

Nous avons éprouvé, grâce à une politique trop longtemps équivoque et contradictoire, que nous n'avions plus d'amis en Europe; aujourd'hui, notre devoir est d'abord d'imposer à notre gouvernement cette règle absolue que le meilleur calcul est encore d'être franc, puis de contenir l'élan d'une race « rapide, tumultueuse, inflammable (1), » trop souvent disposée à briser des ailes de moulin.

Notre foule obéit aisément à des instincts passionnés qui la compromettent; mais elle sent aujourd'hui avec plus de fermeté que la raison et l'intérêt s'unissent pour briser les folles tendances et les aspirations aveuglément généreuses, et l'opinion est en voie de se

_____

(1) Sainte-Beuve.

constituer assez fortement pour devenir en réalité le souverain juge.

III. L'Europe reproche depuis longtemps à la France son oubli facile des événements, son imprévoyance, sa frivolité.

C'est un thème sur lequel on a développé les variations les plus brillantes ; on dirait même qu'il n'est pas de mauvais ton, dans notre société, de déplorer « notre indiscrétion, » comme s'il était vraiment impossible de compter sur nous !

Je comprends mieux qu'on relève avec sévérité cette éternelle ironie qui vise les personnes plus que les idées ; qui « met souvent un ridicule où il n'y en a pas, au risque de corrompre son jugement et celui des autres (1) ; » enfin qui s'attaque à tout et à tous, fatigue les courages, et donne quelquefois aux Français l'apparence d'accabler les vaincus.

Il est vrai que cette ironie leur sert merveilleusement pour masquer les défaillances de la volonté, les amertumes du cœur ; mais c'est une arme dangereuse qu'ils manient avec trop peu de réserve. Rire presque de tout, n'est-ce point le défaut du grand nombre ? défaut par lequel tant de choses excellentes, sérieuses, sont dépréciées et tombent.

Il y a, dans cette disposition de l'esprit général un certain dédain des conséquences et une pointe de fata-

(1) Labruyère.

lisme qui nuisent certainement aux Français, dans la vie sociale comme dans la vie politique.

Toutefois, cette ironie naturelle n'a pas enlevé aux caractères toute candeur. Si la médisance est piquante et ingénieuse, si elle est admise et même recherchée, il est vrai de dire que la calomnie trouve partout une énergique et sincère réprobation.

Au XVIIe siècle, la société française, c'est-à-dire l'aristocratie mêlée de quelques hauts bourgeois, se montra éclairée, sinon savante. Elle encouragea les nobles efforts, les grands sentiments et les productions délicates de l'esprit; elle sut garder les formes de la dignité. Le siècle de Louis XIV se présente encore à la mémoire avec un aspect imposant, malgré tant de fautes de mœurs et d'ambition.

C'est au XVIIIe siècle seulement, dans un monde limité qui abandonnait cyniquement les affaires pour les plaisirs, que cette légèreté s'est surtout affirmée et a reçu le sceau de l'opinion en Europe. Voltaire a contribué plus que tout autre à cette consécration. « La France, disait-il, soupe, s'amuse et oublie. » La France!

Oui, hélas! à la façon de la Pologne, soûle quand son roi était ivre. C'est lui qui a osé proclamer le génie de la nation, toujours léger, parfois très-cruel.

Et de quelle classe parlait donc Duclos, lorsqu'il disait: « Ses vertus ont peu de consistance, ses vices n'ont point de racines (1)? »

(1) *Considérations sur les mœurs,* page 23.

Montesquieu a traduit sa verve satirique en boutades indirectement injustes pour cette immense partie de la nation, dont la vie sociale commence à 89 : boutades, auxquelles P.-L. Courrier et Proudhon ont ajouté les leurs, le premier peut-être sous l'inspiration d'une sourde haine contre la société, le second par esprit de paradoxe. Elles ont été recueillies et commentées par les étrangers, et dans le monde entier nous ont nui comme des aveux.

Aucun peuple n'a été autant critiqué : lui-même s'adresse souvent avec un singulier acharnement et par une ridicule maladresse les traits les plus vifs ; la noblesse française surtout, dans ses rapports avec la noblesse étrangère, doit être portée d'elle-même à critiquer notre société organisée d'une manière si contraire à ses désirs.

Qu'on y prenne garde, la France n'est plus sur un char triomphal derrière lequel elle puisse tolérer des insulteurs.

Les Anglais s'abstiennent avec un grand soin de toute critique contre les mœurs et les institutions de leur pays. Ce n'est pas eux qui repousseraient ou affaibliraient les éloges qu'on leur décerne !

« L'étranger, disait J.-J. Rousseau (1), se ferait lapider à Londres, s'il y disait des Anglais la moitié du mal que les Français laissent dire d'eux à Paris. »

Les Italiens sont trop fins pour se discréditer.

_____

(1) _Nouvelle Héloïse_, p. 206.

Les Allemands ! nous savons que leur silence est d'or.

Les Français cherchent à peine à modifier les préjugés de l'étranger ; pourvu que celui-ci les écoute, ils lui abandonneront largement, sinon absolument, le droit de démolir leurs institutions et leur société. Peut-être faut-il voir dans cette complaisance, par une bizarre opposition, non un oubli de dignité, non un attachement exagéré aux lois de l'hospitalité, mais le sentiment d'une vanité qui se croit satisfaite sur d'autres points.

Il est vrai que l'extrême sociabilité des Français doit les porter quelquefois à une fâcheuse condescendance, et leur enlever une partie de leur autorité, une partie même de leur indépendance, si celle-ci, selon Sainte-Beuve, ne s'obtient vraiment qu'au prix de relations restreintes.

L'individu a souci de sa réputation : mais il semble que la nation prenne plaisir à se dénoncer elle-même, d'une part en publiant ses défauts, de l'autre en exagérant contre elle-même les qualités de ses voisins.

Un Anglais m'en témoignait un jour son étonnement : « Beaucoup de vos compatriotes, disait-il, ne craignent même pas d'applaudir au dénigrement systématique et injuste de la France par quelques Anglais, sensibles encore aux vieilles rancunes. »

Les autres nations, même l'Angleterre, n'ont pas été secouées aussi violemment que la France par la Révolution religieuse, politique ou sociale, qui a mis à nu nos plaies, et jeté sur d'autres rivages tant d'hommes humiliés, aigris, poussés par la colère à confondre dans leurs récriminations la patrie et un parti vainqueur. Couvrir de mépris les chefs d'un gouvernement, c'est, par une conséquence inévitable, avilir la nation qui lui obéit.

Quelles imprécations n'ont pas dû jeter à leurs persécuteurs ces deux ou trois cent mille protestants, que la révocation de 1685 chassait de France? En franchissant les frontières, n'ont-ils pas accablé d'accusations cette terre, pour eux impitoyable? Et les émigrés? Ignorants des idées et des faits, aveuglés par la passion et par l'intérêt, quelles calomnies n'ont-ils pas répandues et livrées à la rage d'ennemis stupéfaits de leur défaite? Si l'imprudence des émigrés a été punie d'une longue misère, ils ont encore, malheureusement pour la réputation nationale, et malgré de hautes exceptions, donné à des aristocraties jalouses le spectacle de la classe la plus élevée de la nation perdant, avec une fausse désinvolture, son éclat et son prestige.

Que n'ont pas dit et publié les victimes de la Restauration, les vaincus de 1848, les exilés de 1852?

Je ne veux point parler de ceux qui, après l'incendie de Paris, ont trouvé chez d'autres peuples un refuge inespéré.

Quel bouleversement moral! Que de partis! Et tous ont connu la défaite.

Nos désastres ont refoulé une mondaine étourderie, que les facilités d'un règne doré et les restrictions de la liberté politique avaient contribué à développer et qui menaçait de fausser le bon goût national.

Les Français sont gais par nature et assez enclins même à forcer la gaieté. S'ils aiment à s'amuser, ils veulent aussi amuser, comme s'ils avaient le privilége de la belle humeur, mais leur frivolité bruyante n'est souvent qu'affectée et entretenue encore par l'orgueil de paraître supérieur aux circonstances graves.

Ils aiment la discussion comme un combat, et y dépensent sans compter tous leurs moyens. Ils s'y jouent des hommes comme des choses, très-soucieux de l'impression qu'ils produisent, et surtout préoccupés de faire montre de leur bien. C'est dans le paradoxe qu'ils exercent avec grand plaisir l'agilité naturelle de leur esprit, qui souvent les trompe, en leur donnant la compréhension rapide, mais imparfaite, de divers sujets. Généralement, ils veulent autant étonner que convaincre. Pour paraître fins, spirituels, ils risqueront même de se compromettre. C'est que l'esprit est une manie plus générale encore qu'au temps de J.-J. Rousseau (1) : elle travaille aujourd'hui toutes les classes et se traduit par une critique facile. Être homme d'esprit, c'est le but suprême, et rien ne coûte pour en avoir la réputation et les avantages sans nombre qu'en France elle procure. On sera impitoyable pour y atteindre, sauf à panser les blessés après le triomphe. Cette idée rend peut-être les amitiés moins jalouses et moins fermes.

(1) V. *Nouvelle Héloïse,* p. 187.

La vieille réputation de finesse gauloise engage beaucoup les Français : C'est pour eux un point d'honneur de l'entretenir ; il en résulte quelque licence.

L'esprit s'est démocratisé comme la politesse.

L'esprit a pris, en descendant l'échelle intellectuelle, une tournure bizarre qui donne à une idée souvent ordinaire une certaine saveur par l'inflexion de voix et le jeu de la physionomie. Pour la politesse, elle s'est transformée : elle a perdu ses recherches d'autrefois, elle est devenue plus simple et plus digne.

La politesse raffinée est fille de la servitude.

Les Prussiens ont particulièrement insisté sur « l'inconcevable frivolité » dont notre gouvernement a fait preuve en 1870.

La nation était alors aux mains d'une sorte de caste nouvelle, formée d'éléments hétérogènes, reconnaissant pour chef l'aristocratique parvenu de 1853 (1), mais ressuscitant peu à peu et sourdement les façons de l'ancien régime parallèlement à des entreprises ouvertement démocratiques. La Prusse voulait la guerre, elle sentait son ennemi désarmé ; elle attendit, comme au XVIIIᵉ siècle « des intrigues de cour et l'occasion. »

Il y eut, dans cette grande aventure, d'une part un machiavélisme effronté, et de l'autre une légèreté incontestable, mais que la nation trompée a droit de répudier.

(1) V. Discours du 16 janvier 1853.

IV. Ce qu'il faut reconnaître et combattre chez les Français, c'est une naturelle insouciance pour les événements extérieurs qui se lient à l'intérêt public : notre salut exige qu'elle disparaisse complétement.

Il est singulier de voir comme cette insouciance contraste avec le souci des intérêts privés, avec l'activité dans les affaires ordinaires.

D'un côté, ils se confient au travail ; de l'autre, c'est de la fatalité qu'ils semblent tout attendre, comme si l'audace pouvait au dernier moment suppléer à tout et tout réparer.

Après la Révolution et le premier empire, exaltés par des triomphes inouïs et non abattus par la grande chute de 1815, ils avaient gardé en eux-mêmes une confiance sans bornes. N'avaient-ils pas prouvé qu'ils avaient pour toutes les conjonctures d'immenses ressources et du courage ? N'avaient-ils pas dès lors le temps d'aviser ? Mais à l'heure solennelle, la précipitation et l'improvisation deviennent une nécessité et un danger : des défaites multipliées et le démembrement de la patrie sont là pour l'attester.

Les yeux du plus grand nombre, sinon de tous, se sont ouverts ; la France a dû reprendre une notion plus juste de ses ressources, sans en rabaisser toutefois la valeur réelle. L'appel à l'épargne pour l'acquittement d'une dette colossale a révélé dans la nation un labeur patient, une tenace économie qui sont des traits précieux du caractère national, bien opposés à la légèreté et au gaspillage. Et si les revers ont attristé les âmes, ils ont retrempé les volontés, quoi

que disent, quoi que fassent des pessimistes naïfs ou
intéressés : le patriotisme s'est éclairé, malgré les
luttes de partis.

Vous avez pu lire, dans certaines correspondances
étrangères, que Paris, tête de la France, a repris sa
vie d'autrefois, ses plaisirs et son luxe. Si l'apparence
subsiste, dites-vous bien que le fond est changé et
que l'idée générale, en disparaissant quelquefois sous
le rire, n'est cependant pas affaiblie dans les cœurs.
Si le sentiment paraît dormir, le moindre choc saurait
le réveiller, énergique et vrai.

D'ailleurs la province s'est émue ; sérieuse, devenue
sévère elle, s'intéresse avec plus d'activité au mouvement national ; elle entend ne plus remettre à un seul
le soin de la prospérité publique et tenir sa place
dans l'opinion en contribuant, avec toutes ses forces,
à former « une nouvelle époque. »

Chacun est très-pénétré des devoirs impérieux que
la situation lui impose.

La France ne cherchera pas sa consolation dans de
sceptiques railleries ou dans d'inutiles provocations.

V. La grande plaie de la société française est-elle
l'immoralité ?

A entendre les Allemands, elle serait partout : dans
la rue, au foyer, à la Bourse par une spéculation ef-
frénée, au théâtre par les thèses scandaleuses, dans
notre littérature, enfin, assujettie pour le succès à
un énervant réalisme.

Certes, on ne se lave guère d'une accusation en la
renvoyant purement et simplement à ses auteurs;

mais, il est dangereux d'être trop agressif, et, pour ne parler toujours que de l'Allemagne, j'emprunterai à un de ses historiens classiques le trait suivant (1) : « Le pire mal à cette époque (1848) était, comme aujourd'hui encore (1872), l'insatiable désir de jouissances, l'absence de la crainte de Dieu, l'orgueil, par suite la maladive ardeur de l'homme à s'élever au-dessus de la condition que la Providence lui a assignée, l'envie contre ce qui est élevé, la propension à la licence, que l'on confond avec la liberté.... ; tout cela avait excité aussi en Allemagne des dispositions fiévreuses, qui faisaient craindre de plus en plus la révolte et la violence. »

Non, il n'est pas vrai que les émotions malsaines et de luxe soient le rêve de tous les Français; il n'est pas vrai que la pudeur ait quitté notre terre pour se réfugier chez d'autres peuples ou remonter aux cieux. Par exemple, les mœurs que P.-L. Courrier a flétries dans son *Simple Discours* ne peuvent pas s'appliquer à notre société démocratique, et c'est avec raison qu'à une époque récente, on a dit que nos commerçants, nos industriels, nos agriculteurs, nos ouvriers, le peuple enfin, a cent fois plus de moralité que n'en avaient les grandes familles historiques sous Louis XIV, Louis XV, Louis XVI, et chez lesquelles on a pris les grands traits de l'immoralité dite nationale.

Les Français ont une bruyante et juvénile expan-

(1) Kolhrausch, 215.

sion et une sceptique curiosité qui donnent plus de relief au scandale. Peut-être ne craignent-ils pas assez de tout voir et de tout entendre. C'est le tort de notre société de ne pas assez cacher ses fanges, de vulgariser sans prudence les mœurs d'une classe particulière par la plume ou le crayon, et de ne les pourchasser, pour ainsi dire, qu'avec un tour d'esprit qui les rend presque intéressantes; mais, aussi, ne serait-ce pas perdre une mine féconde en grotesques situations et en mots fins dont les Français sont si friands?

Le respect humain a peut-être perdu parmi nous un peu de sa force pour contenir les cyniques, fléau de toutes les sociétés; grâce à eux, certaines femmes tiennent encore trop de place dans les conversations et les relations; par une large mais généreuse facilité de la politesse française, il est rare qu'on leur refuse certains égards, quelquefois exagérés.

Dans des temps non encore éloignés, il y a eu incontestablement dans la nation un déchaînement d'instincts mauvais que le théâtre et la presse ont eu peine à combattre, et qui fut soutenu par une ligue d'hommes de tous genres, élevés souvent par le hasard.

Pourquoi le peuple ne peut-il toujours faire la différence entre les citoyens dont la situation première s'est agrandie par l'étude et le travail, et ces êtres hardis, sans moralité, qui ont trouvé, depuis quarante ans surtout, dans la transformation formidable de nos intérêts économiques, des moyens de réussite trop rapides! L'étalage des grandes fortunes, du luxe qu'elles procurent et de l'orgueilleuse assurance que presque toujours elles donnent, ont ébloui les yeux et jeté la démoralisation dans bien des âmes. « Tout tourne à la f....., » osait dire Proudhon, qui voulait nettoyer cette pourriture (1) et abattre « une excitation érotique désordonnée » (1859). Ce faux éclat s'est de lui-même terni, et la conscience publique a repris aujourd'hui beaucoup de son empire.

Balzac a écrit (2) : « Le décorum manque depuis 1800 à l'immense majorité des Français, même à ceux qui se croient bien élevés. »

Il avait raison : les hautes classes auxquelles l'éducation devait épargner cette faute, mais que l'oisiveté perdait, en ont multiplié la preuve : par leur insouciance et leur éclat dans les jouissances, elles ont éveillé les âpres appétits et jeté autour d'elles des germes d'irrévérence et de haine.

Je ne sais si, comme le rapporte Montesquieu (3), c'est à cause de leur insolence à l'égard des femmes et des filles que les Français ont été plusieurs fois chassés de l'Italie ; mais il faut avouer qu'on trouve beaucoup en France, et même dès l'adolescence, un grand libertinage dans la parole, qui à l'étonnement des étrangers (4), dégrade même les entretiens d'hommes distingués par le rang ou par l'esprit. Il

(1) *Proudhon*, par Sainte-Beuve, p. 6.
(2) Les Paysans.
(3) *Esprit des Lois*, Livre X. ch. xi.
(4) Sous le prétexte du franc-parler.

existe dans les villes, et surtout à Paris, une clique assez puissante quoique limitée, pour laquelle la dépravation hautaine et savante est un air de distinction et fait les « trois quarts de la vaillance. » Les Français d'ailleurs regardent assez volontiers la continence chez les hommes comme un signe d'infériorité ou physique ou intellectuelle ; ont-ils raison (1) ? Le vice trouve en eux un ennemi, mais un ennemi sans farouche austérité, on lui accorde facilement des circonstances atténuantes, et cependant la licence est plus apparente que réelle.

Le mot de Louis XIV peut retomber de la tête du duc d'Orléans sur celle de presque tous les Français : « fanfaron de vices. »

Ah ! ils ne savent pas déguiser, comme d'autres peuples, l'immoralité vraie sous une réserve habile et froide ! L'hypocrisie leur fait horreur et l'extrême pudeur leur est quelquefois suspecte.

L'éducation générale est un peu affaiblie ; mais les âmes sont riches.

Nos expositions, qui sans doute ont stimulé l'industrie et les arts, ont nui à notre réputation morale. Elles sont naturellement dangereuses dans une ville comme Paris, où vient alors s'adjoindre, sous le pavillon national, à des éléments pervers déjà nombreux, un contingent exotique d'affreux personnages, qui donnent de nouvelles forces à la basse galanterie. Quoi d'étonnant si les impudeurs apparaissent plus

(1) V. *Nouvelle Heloïse*, p. 244,

effrontées aux yeux d'observateurs très attentifs, portés même de bonne foi à tout grossir !

La famille française est fort attaquée ; le plus vif reproche s'adresse à son infécondité relative, à cette réglementation inhumaine qui, selon l'expression d'un prédicateur célèbre « empêche la vie de s'épandre. » Fait vrai, désastreux dans ses conséquences sociales ! Aussi, sous ce rapport, combien lui sont supérieures et la famille anglaise et la famille allemande, auxquelles leur nombre même et la discipline plus ferme qu'il exige donnent tant d'expansion et d'énergie ! Ce n'est pourtant pas l'honnêteté qui fait défaut à la famille française : c'est la simplicité, une simplicité de bon goût entre l'enflure et l'austérité. Elle y tend, mais n'y est point encore parvenue.

Notre société, profondément remuée par 1789, a cédé, depuis 1830 surtout, à des goûts de jouissance, dont la conséquence naturelle est de développer l'égoïsme et l'envie.

Puis, le célibat, qui chez nous est encore entretenu par les exigences religieuses et militaires, a pris des proportions telles que la famille en est restreinte dans toutes les classes, et qu'il est devenu, ou peu s'en faut, un danger social. N'est-il donc pas temps de le combattre, par des mesures précises, qui imposent à l'individu une contribution spéciale, ou le privent, comme à Sparte, des droits politiques, ou encore assurent aux citoyens mariés, comme sous Auguste, « la préférence pour les magistratures et le gouvernement des Provinces » ?

Cette question, malgré l'ironie légère qui s'y attache, préoccupe singulièrement l'opinion.

On a fait une remarque originale, c'est que la plupart des chefs de la révolution française n'avaient pas d'enfants, ou même n'étaient pas mariés (1).

Cependant, c'est la Constituante qui a le plus fait pour l'avenir de la France. Je croirais volontiers que le célibataire est porté par son isolement même à entreprendre avec plus d'énergie la poursuite d'un système nouveau ; cependant, l'intérêt général de la patrie demande des précautions qui restreignent cette fatale tendance.

Une idée a traversé un instant les esprits, en y laissant une trace assez sérieuse; cependant, je la crois condamnée à rester dans la spéculation.

Ne conviendrait-il pas de prendre en considération l'état civil des électeurs, en donnant une voix au célibataire, et deux à l'homme marié, appelé ainsi à représenter sa femme pour les intérêts politiques comme pour les intérêts privés?

Cette idée a certes un mérite, celui de donner une réelle satisfaction aux sentiments moraux et conservateurs, pour employer la phraséologie de notre époque. Mais elle créerait sûrement des conflits dans la famille, et obligerait pour les veuves à poser cette question redoutable des droits politiques de la femme : question qui peut agiter l'Amérique et l'Angleterre, mais qui n'a que faire dans le pays de la loi salique,

(1) V. Nourrisson, p. 160, *Ancienne France et Révolution*.

où la politesse, les attentions, la déférence la plus courtoise semblent assez payer la femme de son éloignement des affaires officielles.

Si le père de famille accepte des charges sérieuses, s'il remplit un devoir élevé, qui intéresse la morale et la patrie, le célibataire prend dans la société une position moins élevée, moins honorée, dirai-je, mais sans responsabilité.

Le célibat même produit sur quelques âmes un résultat fâcheux : il les amène à une indifférence presque égale pour le vice et la vertu.

Le mariage est aujourd'hui considéré, grâce aux dépenses que l'amour-propre et un raffinement relatif de la vie matérielle ont singulièrement exagérées, souvent comme un fardeau qu'on n'accepte que tard et avec hésitation.

Et encore nos lois, malgré les protestations sérieuses de l'opinion, ont peut-être affermi trop rigoureusement cette institution civile, et retenu ainsi bien des volontés.

La vitalité nationale en souffre, en face de races hostiles dont la sève est restée puissante.

L'influence des femmes, sans avoir disparu, est chaque jour amoindrie ; leur part dans les résolutions politiques est nulle, malgré des insinuations étrangères, sur lesquelles je ne puis insister. Mais si elles doivent désormais abandonner le domaine politique, nous ne pouvons oublier que c'est à leur influence ancienne qu'il faut attribuer cette politesse générale, honneur de la nation française. Un rôle très-important leur appartient, mais dans la vie ordinaire, sans trop craindre qu'elles communiquent à notre civilisation une fade sensiblerie.

L'idée politique a corrigé peu à peu, mais sans réaction sotte, les Français de leur absorbante galanterie : ils y ont gagné une plus grande force pour le travail.

La plupart des étrangers trouvent que les femmes françaises ont une très-grande indépendance. Les Français ne comprennent pas l'honnêteté vraie sans la liberté que les habitudes nationales comportent ; cette idée les entête même jusqu'à l'exagération.

Certes, le rôle des femmes est de se vouer d'abord aux soins de la famille, de garder le foyer dont la chasteté leur est plus particulièrement confiée, d'éviter les agitations extérieures que leur présence ne peut qu'augmenter. C'est en s'attachant strictement aux devoirs de la maternité, c'est en se maintenant simple et bonne que la femme assure, avec sa propre moralité, celle de la famille, et par suite celle de la nation. Qu'elle soit, comme a dit Horace (1), la Providence austère de la maison.

Cette moralité est d'autant plus solide, qu'elle s'appuie sur une éducation rationaliste et sur une instruction sérieuse.

VI. En France, l'instruction des femmes est fort limitée.

Ce n'est pas qu'il faille, dans notre siècle démocra-

(1) Ode VI, livre III, J. Janin.

tique, les jeter dans les systèmes philosophiques et la haute physique comme les dames du XVIIIe siècle ; mais c'est la mère, on l'oublie trop, qui dans un commerce plus habituel et plus tendre, dirige par ses leçons les premiers essais de l'intelligence humaine : tâche délicate où le cœur a besoin des forces de l'esprit. Quelle responsabilité pour la femme ! Car de sa direction et de ses efforts dépend sûrement l'avenir de l'enfant.

Cette insuffisance d'instruction est manifeste : malheureusement, elle n'est point particulière aux femmes.

Les Français sont curieux, mais beaucoup veulent connaître et non apprendre.

Le savoir souvent s'acquiert au fur et à mesure des besoins par des lectures rapides ou des questions multipliées. Mais ils ont une grande facilité d'assimilation qui atténue ce défaut.

Avant la guerre de 1870, ils aimaient à penser que l'esprit naturel, la vive imagination, l'élan, suppléent aisément au défaut de connaissances. Grâce aussi à un patriotisme orgueilleux, leur sécurité était absolue, et la question d'ailleurs ne semblait pas brûlante. Sous un autre rapport, beaucoup admettaient de bonne foi que l'ignorance du peuple est une garantie pour le bon ordre des sociétés, proclamant encore que « le demi-savoir est plus funeste que l'aveugle ignorance, parce que, aux maux qu'elle produit, il ajoute des erreurs sans nombre. (1) »

(1) Beccaria, Délits et peines.

Mais s'agit-il donc de demi-savoir dans sa véritable signification, pour les paysans et les ouvriers? Qui prétend par un enseignement compliqué fatiguer et fausser leur esprit? Qui réclame pour eux plus que les connaissances premières, celles qui sont indispensables à tous? « La société, porte l'art. 13 de la Constitution de 1848, favorise et encourage le développement du travail par l'enseignement primaire, l'éducation professionnelle... »

Voilà le programme simple et vrai, quoi que prétende cette école aristocratique qui ne verra jamais dans l'instruction du peuple, quelque limitée qu'elle soit, qu'une menace pour le privilége et l'orgueil.

Par la défaite, la question a pris tout d'un coup une grave importance. Je n'admets pas que l'instruction ait seule, comme on l'a prétendu, donné à nos ennemis cette écrasante supériorité qui a mis la France, désarmée et impuissante, à deux doigts de sa perte : elle a servi leur discipline, mais il faut laisser exclusivement à la surprise, à la puissance des engins, et surtout au nombre l'honneur de ces sanglantes victoires.

Cependant l'émotion a été grande et l'effet moral considérable, lorsque nos ennemis, grâce peut-être à l'ancienne et facile hospitalité des provinces envahies, ont montré si souvent quelle connaissance exacte ils avaient des lieux et des ressources du pays. Des récits colorés ont enflammé les imaginations, et l'exagération a tout abaissé.

Aujourd'hui si le rôle des personnages est encore

mal défini, les objets ont repris leur vraie proportion. La partie la plus considérable de la nation, patriotique et modérée, a déploré les combats d'opinion qui ont suivi la paix et repoussé les recriminations funestes en laissant à l'histoire le soin d'éclairer les physionomies, de peser les courages, les artifices ou les trahisons.

Le défaut général d'instruction a été signalé avec fermeté par des hommes convaincus et dévoués ; l'opinion publique a écouté leur appel et sans faux orgueil appuyé leurs efforts.

Quelque protestation que tôt ou tard on entende, cette féconde révolution doit suivre son cours.

On a rappelé partout que Gœthe avait déjà remarqué notre ignorance de la géographie : les Français, par indifférence et confiance dans la diffusion relative de leur langue, ont encore négligé l'étude des langues étrangères. Cette lacune dans l'esprit français est surtout contraire à la célérité et à l'influence dans les relations commerciales, sans parler des conséquences graves au point de vue de l'échange des idées et de l'appréciation vraie des sentiments des autres peuples. « Un homme qui sait quatre langues, a dit Charles-Quint, vaut quatre hommes, » malheureusement la presque totalité des Français n'en sait qu'une ; mais j'ai la certitude que la génération suivante sera mieux armée. Si cette cause spéciale d'infériorité pouvait disparaître, la nation française tirerait un meilleur parti de ses aptitudes si diverses : elle deviendrait vraiment redoutable.

L'instruction populaire réclame avant tout nos efforts : rien ne doit faire obstacle à son organisation.

En 1560, le tiers-état demandait l'érection dans chaque ville d'un collége municipal (1) ; au 19ᵉ siècle c'est une école dans chaque village qu'il faut créer à tout prix. C'est M. Barni qui a dit que l'instruction « non-seulement éclaire les citoyens sur leurs droits, leurs devoirs et leurs véritables intérêts, mais les arrache à l'empire des appétits brutaux et les élève à la vie morale » (2).

Tout citoyen doit au moins posséder, avec la connaissance de la lecture, de l'écriture et du calcul, des notions simples d'histoire et de géographie ; il doit connaître au moins la position et les ressources de son pays comme des pays voisins, et surtout, mieux que l'histoire du peuple juif, les victoires et les revers de la patrie.

Réservons l'étude plus large aux intelligences plus développées par la nature ou le travail.

Il importe au plus haut point que ces premières connaissances ne soient pas délaissées au temps de la virilité : un champ qu'on cesse de cultiver est bientôt envahi par les ronces et les broussailles. Qu'elles soient donc maintenues et fortifiées non pas seulement par des cours d'adultes, mais surtout par des lectures simples, appropriées le plus possible à la profession

(1) Auguste Thierry, T, F,, page 127.

(2) Barni, Manuel républicain.

de chacun, et dans lesquelles le raisonnement préparé par le maître puisse trouver carrière.

A cette heure, dans cette France si polie, on aurait peine à croire que seulement des œuvres insipides ou grossières pénètrent par le colportage dans nos campagnes et dans les faubourgs de nos villes : le bas prix, raison suprême !

L'intérêt social exige de ce côté une active surveillance, mais en tenant un compte sérieux de la liberté et en repoussant l'arbitraire préfectoral se substituant à la loi : que cette littérature malsaine face place enfin à des ouvrages pratiques ; beaucoup de bons esprits voient dans la liberté de la librairie l'unique moyen d'élever l'éducation populaire. Les colporteurs n'ont qu'une mince responsabilité ; usant en quelque sorte d'un privilége, ils paraissent, vendent des livres souvent détestables et disparaissent sans laisser une prise facile au mépris ou à la poursuite.

La liberté permettrait l'établissement partout de marchands sédentaires interessés eux-mêmes au progrès général, et cherchant dans la considération publique un gage de prospérité.

L'établissement sérieux sur toutes les parties du territoire de bibliothèques communales pour les mois de novembre, décembre, janvier, février et mars répondrait utilement à cette préoccupation, surtout dans l'époque transitoire qui marquera les premiers progrès de l'instruction générale. On ne se doute pas dans certaines sphères de l'ardeur avec laquelle les jeunes paysans et les jeune ouvriers lisent des œuvres hon-

nêtes où l'imagination et l'histoire ont également part
Si la cherté des bons livres contrarie bien des aspirations, cet obstacle ne devrait-il pas disparaître devant
la bonne volonté des communes et le désintéressement
des hommes éclairés? Un journal autorisé (1) « adjurait
la bourgeoisie de comprendre les obligations honorables que lui imposent la fortune et le rang social et de
souscrire généreusement pour des œuvres volontaires
d'instruction comme pour des œuvres de charité, de
trouver enfin dans son sein des hommes de cœur et
d'intelligence en assez grand nombre pour prendre une
part active à ce mouvement régénérateur. » Pourrait-
elle ne pas répondre à ce chaleureux appel ?

Pour donner un cadre à cette nouvelle création, il
suffit qu'ici et là un homme recommandable par sa
probité se lève et combine les efforts.

Le choix des livres est un point fort délicat : en
présence d'influences cléricales et de prétentions ré-
volutionnaires qui affirment énergiquement leur ardent antagonisme, que de susceptibilités à ménager !
Je crois que, en rejetant sur ce point la surveillance
du gouvernement quel qu'il soit, mais en respectant
certaines convenances, on ferait preuve d'intelligence
si on se montrait franchement et hardiment libéral.

Ce que l'opinion demande avec ténacité, ce sont des
maîtres d'une moralité solide, et dont le traitement
puisse, mais sous un contrôle vigilant, assurer l'indépendance et la dignité. L'enfant n'aura que des

_____

(1) *Temps*, 29 mars 1873.

pensées honnêtes ; il reprendra l'habitude du respect, qui a disparu presque entièrement à tous les âges, s'il trouve dans l'instituteur, préservé désormais de l'avilissement, une bonne tenue et le sentiment calme du devoir.

VII. L'Etat doit-il décréter l'obligation ? Tous, nous sentons qu'il faut porter un coup rapide et qu'il serait imprudent de se confier à l'initiative individuelle. Cette obligation ne peut atteindre la liberté du père de famille, puisqu'il restera libre de choisir entre les écoles de l'Etat et tout autre enseignement. Et je doute que dans la disposition actuelle des esprits, cette liberté ne soit pas loyalement sauvegardée.

C'est alors que le gouvernement aura le devoir d'exiger de tous les maîtres, laïques et ecclésiastiques, les mêmes garanties de moralité et de savoir. Autrement, il maintiendrait en réalité, dans nos institutions, un odieux privilége ; avec nos ressources actuelles si restreintes en hommes et en argent, l'Etat ne peut encore, je le reconnais, briser, sans détriment pour l'instruction générale, ce privilége établi depuis de longues années : car à côté des écoles ordinaires, plus de trois cent mille enfants reçoivent des Frères les premiers enseignements. Mais qu'il s'empresse de reconnaître le principe et prépare une loi qui assure l'égalité ! Il fera ainsi bonne justice, et tranquillisera les libéraux, qui ne lui marchanderont pas le délai d'exécution.

Cette obligation touche à un ordre d'idées élevé.

Tout citoyen est tenu de défendre au péril de sa vie la communauté dont il est membre et dont on menace l'existence ou l'honneur. Ne lui doit-il pas aussi dans toutes les situations le secours de ses forces intellectuelles? Et s'il n'acquiert au moins certaines connaissances, qu'est-il pour elle? Un embarras et un danger, au lieu d'être un appui. Le père peut bien par sa propre volonté augmenter le nombre des sociétaires, mais à la condition tacite qu'il n'accroîtra pas sans compensation les charges communes ; s'il jette dans la vie un être qu'il laisse dans l'ignorance de nature, il enfreint en réalité la loi sociale.

N'allez pas croire, même avec quelques hommes sincères, que cette instruction obligatoire fera germer dans les âmes des pensées d'ambition mauvaise et augmentera le nombre des déclassés. Cette triste armée ne sera jamais assez forte pour conquérir la société : le niveau général montera, et les déclassés (il y en aura toujours) trouveront moins d'appui dans le peuple. Avec une telle idée, pourquoi ne pas en venir nettement au système de ce petit tyran, Charles-Félix, roi de Piémont (1826) qui, lui aussi, craignant les déclassés, interdisait l'enseignement de la lecture et de l'écriture aux enfants dont les parents avaient moins de 1500 livres de revenu? (1)

Une fois le principe d'obligation reconnu, il serait ridicule d'être arrêté par des difficultés de sanction. Nous avons, pour nous conduire sûrement dans cette

(1) Histoire contemporaine. Ducoudray.

réglementation, l'exemple de peuples voisins, et au besoin les prescriptions de la loi du 19 décembre 1793, qui édictaient contre les familles réfractaires l'amende d'abord, puis la privation des droits civiques. Un gouvernement serait au-dessous de ses obligations s'il ne savait vaincre une résistance si coupable. Le débat sur la gratuité est secondaire : il me semblera toujours rationnel d'exiger du père qui a notoirement des moyens suffisants d'existence une rétribution scolaire. De quel droit chargerait-il la communauté de l'instruction de ses enfants, puisqu'il a plus que le nécessaire?

Pour décider avec une garantie presque entière et sans inquisition des ressources de chacun, il n'est pas à mes yeux de meilleurs juges que les conseillers municipaux : ils ont en leurs mains généralement tous les éléments d'une juste appréciation, et librement élus ils ne peuvent être l'objet de la suspicion.

La loi du 15 mars 1850 porte sagement que l'enseignement primaire est donné gratuitement à tous les enfants dont les familles sont hors d'état de le payer ; cette disposition doit donc être maintenue, en laissant les communes juges de leur situation.

VIII. C'est sur la question de savoir si l'instruction sera essentiellement laïque que se heurtent les sentiments les plus contraires.

Il ne s'agit naturellement de la liberté de conscience que pour lui donner une consécration plus solennelle et plus radicale.

Le clergé catholique a pris en cette affaire une hautaine allure qui le rend quelque peu suspect et rappellerait les paroles que Volney prête à un certain groupe : « Tout est perdu, la multitude est éclairée (1) ; » en combattant la séparation, dans les écoles publiques, de l'instruction et de l'éducation religieuse, il prétend garder toujours auprès de l'instituteur une place jusqu'alors prépondérante et que la nouvelle réforme ne peut que lui enlever. Ce qu'il veut ainsi, c'est imposer directement ou indirectement sa surveillance et son système : c'est pouvoir exclusivement et de très près, comme disait M. de Beaumont dans son fameux mandement (2) : « observer les premiers rayons de la raison humaine, les saisir avec soin et les diriger vers la route qui conduit à la vérité.... » catholique. Il sent avec raison que son empire s'affaiblit au profit du rationalisme, si l'enseignement religieux n'est pas donné officiellement à l'enfance : car l'homme perdra, pour se maintenir plus ou moins dans le catholicisme, les images vives et continues qui frappent l'imagination de l'enfance. Aussi le clergé veut-il non-seulement maintenir son autorité, mais la ramener, s'il est possible, à l'éclat avoué des beaux jours de la Restauration, alors qu'une ordonnance (3) conférait aux évêques un droit de surveillance sur les colléges de leurs diocèses.

(1) *Ruines*, p. 88.
(2) J.-J. Rousseau. *Œuvres*, p. 425.
(3) 27 février 1821.

Cette prétention est combattue ardemment par les libéraux, qui réunissent leurs efforts pour repousser des attaques persévérantes à l'idée de progrès.

N'est-il pas juste que l'État, appelé à protéger également les cultes reconnus, se désintéresse de l'instruction religieuse ? Peut-il donc en faire une partie obligatoire de l'enseignement public, sans encourager des hypocrisies ou blesser des convictions ?

C'est dans le temple seulement que le ministre du culte doit donner l'éducation spéciale aux enfants qui lui sont confiés ; à la famille de la parfaire, sans que l'État ait à se préoccuper de l'influence du mysticisme catholique ou de l'esprit philosophique sur l'éducation générale.

IX. L'opinion accueillerait avec empressement une réforme dans l'enseignement secondaire. Mais je reconnais que dans cette affaire, elle est moins sûre d'elle-même et s'abandonne volontiers aux résolutions du gouvernement éclairé par les maîtres.

Jusqu'alors les résultats de cet enseignement ont été médiocres ou mauvais : c'est à peine s'il donne un cadre pour des connaissances futures. Il est temps que les titres universitaires représentent une valeur réelle et ne soient plus de belles enseignes sur des magasins vides.

Des publicistes ont demandé avec raison que les programmes fussent allégés de matières désormais inutiles, que les jeunes gens apprissent plutôt multum que multa et qu'on intéressât les esprits par une lecture intelligente des vieux auteurs, sans les alourdir par des traductions multipliées, insipides, qui dévorent le temps sans profit et ne jettent sur l'antiquité que des lueurs insuffisantes. C'est donc au raisonnement qu'il faut s'en prendre.

Je crois que ces lectures donneraient à la jeunesse française, avec des connaissances plus sérieuses, un sentiment de curiosité féconde et surtout une instruction persistante.

En même temps, l'enseignement réel des langues étrangères assurerait à l'esprit une direction pratique, conforme certainement aux exigences de la vie moderne.

Si l'on a parlé de la gratuité dans l'enseignement secondaire, et même supérieur, c'est avec une extrême réserve : les gens d'une logique impitoyable ont pu seuls s'y arrêter. Rien de mieux que d'en accorder le bénéfice aux jeunes gens sans fortune que l'intelligence et l'ardeur rendent dignes d'études plus complètes ; mais la prévision des bourses y répond dans une assez large mesure.

Je ne parlerai d'un élément de l'éducation nationale, l'internat, que pour regretter un système si contraire aux aspirations naturelles vers la liberté, à la culture de famille, et qui vieillit trop souvent les esprits sans faire des hommes.

X. — Quant à l'enseignement supérieur, on l'a proclamé justement « la sauvegarde du goût classique et le salut de la science. » Nous devons donc être prêts à tous les sacrifices pour le maintenir et le perfectionner, afin qu'il assure à la France la suprématie de l'intelligence, haute consolation de l'abaissement momentané de ses armes. La création d'universités libres, comme en Belgique, est un projet qui intéresse la nation, en raison de l'émulation générale qui en résultera et des avantages absolus qu'en retirera la science.

Toutefois on peut se demander si, dans l'état troublé de notre société, il serait bien prudent de donner au clergé un moyen aussi puissant d'influence, surtout après la publication de décisions trop fameuses. Puis notre université est-elle assez armée pour lutter d'une manière normale contre cette immense compagnie qui « étend ses bras jusqu'à la Chine » et qui, pour soutenir ses prétentions, dispose d'immenses ressources, que le peuple croit inépuisables ?

Si l'expérience se fait, puisse-t-il en résulter au profit du pays un nouvel effort vers le bien ! En tous cas, que l'État garde le droit exclusif de collation des grades, s'il ne veut accentuer la lutte des opinions religieuses !

Quelque graves que soient les difficultés à résoudre, quelque puissantes que soient les influences à combattre, quelque considérables enfin que soient les sacrifices à faire, le cri général est « Instruction. »

La nation veut se donner à elle-même des garanties ; elle comprend « qu'un imposteur hardi obtient les adorations d'un peuple ignorant, et que le mépris devient son partage, s'il s'adresse à une nation éclairée (1). »

XI. — De cette guerre de 1870, il est résulté, à côté du désastre matériel, un profit moral. Le peuple français a pesé, condamné ses fautes, et dans son effrayante chute, il a pu envisager encore l'avenir sans désespoir. Il a rompu avec ce passé légendaire qui l'enivrait d'illusions et rendait son opinion si tranchante. C'est qu'il a eu un réveil bien cruel, c'est qu'il a payé les longs rêves de son imagination avec ses richesses, son territoire et son sang.

Il a vécu trop longtemps dans la foi orgueilleuse de sa supériorité; son jugement s'est éclairé. Mais qu'on s'empresse de fortifier les âmes en relevant l'éducation générale par la discipline, l'idée religieuse et les hauts enseignements du devoir. Il est bon de posséder des savants et des artistes; il est meilleur de former des hommes, dont le caractère soit bien affermi par « Dieu et Patrie. »

XII. — Les Français doivent s'appliquer à contenir leur vanité. « Le roi de France, disait Montesquieu, tire ses richesses de la vanité de ses sujets. » Le roi a disparu, la vanité subsiste. Elle dénature leurs sentiments et leurs idées; elle heurte entre eux les individus, et même, dit-on, les administrations.

Qui les flatte les domine, Napoléon III l'a bien su.

---

(1) Beccaria. Délits et peines.

Depuis, c'est à cette vanité que le pouvoir a sacrifié, par une facilité que la presse entière a condamnée, cette croix, signe de l'honneur, aujourd'hui seul titre de noblesse qui convienne à une société démocratique, malgré les soupçons légitimes qui ont accueilli sa fondation en 1802 : titre admirable lorsqu'il recompense les actions d'éclat et les grands services, et qu'on doit ménager si l'on veut conserver à la Légion d'honneur la haute considération qu'elle mérite ! On raconte toujours que sous le premier empire, la vue d'une croix, alors qu'elle était donnée avec une si grande réserve, jetait vraiment dans toutes les âmes le respect, avec les nobles pensées de patrie et d'honneur.

Que cette vanité est dangereuse pour leur repos, leur dignité ! même pour leurs intérêts, car elle grève encore leur budget particulier de sommes diverses, au détriment de leur bien-être. Chacun est avide de commandement et de puissance, chacun aspire à sortir d'une obscurité qui convient au plus grand nombre ; qui ne veut faire preuve d'un grand crédit ? Quelques-uns même cherchent, dans les manifestations politiques seulement l'occasion de se faire voir et nommer. Ainsi se développe ce mauvais sentiment qui les pousse à combler par l'esprit, souvent par la médisance, quelquefois par la calomnie, les différences de la position.

D'autre part, cette vanité n'a cessé de blesser et d'abaisser les peuples et les rois : aussi a-t-elle valu aux Français, après la défaite, une pitié dédai-

gneuse : elle leur a fait perdre le bénéfice de leurs
qualités, et leur a enlevé une partie de cette sympathie naturelle qui s'attache au malheur.

La nation aveuglée s'était mise à croire que tout
en Europe doit se rapporter à elle et concourir à sa
seule grandeur : on aurait dit qu'elle tenait plus à
l'admiration qu'à l'amitié. Trop d'écrivains ont flatté
cet emportement de vanité.

« Il faut, disait l'un (1), que le peuple français sente
l'importance de son rôle, car il doit avoir sur l'Europe,
pour le maintien de l'équilibre, la même influence que
l'Europe sur le reste du monde. » « La grande nation, »
répétaient les flatteurs populaires.....

Proudhon, si ferme cependant, s'écriait : « La
France a été donnée en exemple aux nations : dans
son abaissement comme dans ses gloires, elle est
toujours la reine du monde : nulle liberté ne peut être
conquise sans elle (2). » « Elle ne peut faire un mouvement sans que l'Europe le ressente... »

Elle travaille pour le genre humain, disait-on
récemment, etc., etc. » Cette phraséologie renferme
une bonne part de vérité! mais elle a égaré par son
éclat l'esprit public, qui s'y est reposé, sans plus
veiller ni agir pour assurer sa vraie grandeur : elle a
poussé le peuple aux grandioses et folles entreprises.
A qui pourrait-elle servir encore, si ce n'est aux

(1) J. de Maistre.
(2) *Confessions*, p. 11. Il est vrai que dans le P. sc. il a soin
d'abandonner cette emphase.

hommes qui, pour le malheur de la France, veulent
à tout prix jouer un rôle et imposer à nos affaires
politiques l'apport de leur suffisance. Que le peuple
soit assez sage pour repousser de nouvelles flatteries.

Cette vanité, qui tantôt atténue et tantôt exagère
nos défauts, s'est maintenue un peu par une sorte de
dédain général, beaucoup par l'ignorance de la marche
progressive des autres peuples. Les Français voyagent
peu, autant par routine, qu'à cause de la continuelle
division et de la médiocrité des fortunes : beaucoup
encore sacrifient la curiosité à l'augmentation du bien-
être. Leur observation se reporte naturellement et
complaisamment sur eux-mêmes : elle est trop limitée.
Descartes croyait « qu'il est bon de savoir quelque
chose des mœurs de divers peuples, afin de juger des
nôtres plus sainement, et afin que nous ne pensions
pas que tout ce qui est contre nos modes soit ridicule
et contre raison, ainsi qu'ont coutume de faire ceux
qui n'ont rien vu (1). »

Sans ce fatal défaut, dont la nation a conscience et
qu'elle croit se faire pardonner par sa politesse et son
amabilité, le génie français, moins dominé par l'ap-
parat, visant moins au grand qu'au perfectionnement
des idées communes, aurait vraiment quelque chose
de sympathique et d'entraînant qui servirait à la
reprise rapide de notre ancienne influence.

Que la vanité disparaisse enfin, et nous laisse

(1) Discours de la méthode, p. 6.

prendre dans les lois et dans les mœurs des autres peuples tout ce qui est utile à nos intérêts.

XIII. La guerre a abattu l'exagération et les enthousiasmes faux : l'orgueil est resté, mais dans une mesure honorable et légitime; il saura attendre la satisfaction qui lui est fatalement due.

Le vœu général, toutefois, c'est que nos gouvernements, quels qu'ils soient, s'inspirent désormais, toute proportion gardée, de l'honneur, de la dignité et de la prudence qui doivent diriger la vie privée; qu'ils sachent « agir, sans dire, » qu'ils entendent la grandeur de la France, sans égoïsme outré, mais d'une manière presque absolue ; qu'ils évitent enfin de troubler l'Europe comme en des temps récents pour une immixtion jalouse en toute affaire. Les questions de prestige sont délicates et trompeuses : puis elles sont si faciles à exploiter, par conséquent si dangereuses pour la tranquilité d'un peuple ! Il est temps de ne plus se laisser imposer par l'éclat des mots et le mirage du sublime, de soumettre enfin à la raison le cœur et l'imagination.

XIV. Un des traits principaux du caractère français, c'est l'impatience.

Elle vient d'une conception très-prompte qui répugne à l'effort et à la combinaison, d'une fougue d'esprit toujours en quête d'expériences, et d'une ardeur instinctive de provocation, qui porte facilement les Français aux coups de tête dans la vie politique comme dans la vie civile. Elle laisse à peine mûrir l'idée, se contente souvent d'une impression générale, néglige les détails et précipite les jugements et les résolutions. Elle produit de fréquentes contradictions et désorganise l'activité ; on ne dénoue pas, on préfère couper.

On pressent, on s'élance et on échoue ; on s'éclaire et on s'élance de nouveau, cette fois pour réussir, mais avec une perte inutile de temps et de forces. Aussi l'expérience est plus coûteuse en France qu'ailleurs.

Si l'on ose, on veut tout atteindre et tout d'un coup sans progression. On pardonne aisément à la folle audace.

On dévore le temps, on veut créer, et tout de suite jouir.

Enfin à l'incertitude, on préfère le danger précisé, fût-il mortel. Aussi les Français savent-ils mieux parler qu'écouter ; ils devancent la pensée de l'orateur ou de l'interlocuteur et regardent trop souvent comme inutile la dépense de leur attention. Cette impatience rend donc leur observation moins pénétrante, et, de plus, elle engendre l'intolérance.

Il résulte de cette disposition une inquiétude et un défaut relatif de précision qui fatiguent l'âme.

Si l'esprit français est bien doué, s'il a la facilité, la clarté et l'ingéniosité, qualités précieuses dans un peuple créateur, il se plie assez mal à la discipline et se laisse volontiers entraîner par la fantaisie et jeter hors des voies de la méthode.

L'imagination agit en maîtresse au logis ; elle le trouble en y apportant avec l'enthousiasme ou l'abattement le goût trop vif du changement, des émotions nouvelles. Ainsi les Français semblent aujourd'hui céder encore au sentiment plutôt qu'à l'observation calme.

Tout est-il donc défectueux, tout doit-il être discuté sans réserve, et le passé tout entier doit-il être jeté pas dessus bord ? Ce n'est pas goutte à goutte, comme l'entendait Machiavel, mais à flots qu'ils venlent le bien. Une critique étroite et mal nourrie s'attache de toutes parts à nos institutions.

Ce n'est pas évidemment que dans notre société il n'y ait beaucoup à refaire ou à créer, mais il y a aussi beaucoup à maintenir, Les Français perdraient à passer, sous le coup d'événements désastreux, d'une routine invétérée aux mesures radicales. Il est vrai que souvent l'expression manque chez eux de modération et dépasse l'intime pensée. Ils se savent plus hardis en théorie qu'en pratique et le bon sens finit toujours par l'emporter.

D'autre part, on s'agite volontiers dans l'intérêt d'une cause, mais on prend facilement son parti d'un échec. On fait trop vite abandon de son initiative au profit du pouvoir, qui s'arrange ordinairement du *statu quo*. « C'est un peuple qui trouve l'idée, disait un étranger, mais qui n'est presque jamais le premier à la pratiquer. »

L'esprit va vite il est trop rare que les faits suivent ; on en trouverait de nombreux exemples.

Ainsi pour le duel, ainsi pour le divorce, questions si graves qui intéressent l'honneur, la moralité et la puissance de la nation !

XV. Le divorce ! Ignore-t-on quel appui l'opinion donnerait au ministre qui en proposerait le rétablissement et mettrait fin à de si navrantes situations ! On peut à peine croire à la timidité des hommes appelés depuis un demi-siècle à diriger les destinées de la nation qui a fait la révolution de 89.

Chaque fois qu'un de ces drames domestiques éclate, poignant, terrible, devant la justice impuissante, il ne manque pas d'écrivains autorisés pour reprocher au législateur son aveugle dureté. Qui voudrait douter de son empressement à réparer tant de maux, surtout lorsqu'on reporte sa pensée à cette époque néfaste où la Chambre introuvable, triomphante sur les ruines de l'Empire, put s'inspirer impunément de l'esprit le plus réactionnaire (8 mai 1816.)

L'idée de réparation n'est repoussée que par quelques hommes qui combattent systématiquement toutes les créations de la Révolution, ou qui croient la religion intéressée à y faire obstacle, comme si elle devait lutter encore contre les caprices et la brutalité des barbares.

Dois-je rechercher si le judaïsme n'eut pas tort d'admettre le divorce; si la société païenne y trouva pour l'immoralité une restriction plutôt qu'une facilité; si Jésus-Christ n'a pas prêché absolument l'indissolubilité du mariage (1), et si des Pères de l'Église l'ont combattue ; si, enfin, Bonaparte se prononça énergiquement en sa faveur ? (2) Qu'il me suffise de le proclamer conforme à la nature et à la divine loi d'amour. Et ce sentiment est si fort, qu'il s'imposa à la nation au commencement du siècle : « Les rédacteurs du Code, a dit Toullier (3), ne l'ont admis qu'à regret, forcés en quelque sorte par l'opinion du temps. » Proudhon (4) se trompe gravement, à mes yeux, lorsqu'il prétend « que le temps est passé pour nous où le divorce aurait pu entrer dans nos institutions, sans danger pour la famille et sans offense pour les mœurs : que par le divorce, le contrat de mariage n'est plus en réalité qu'un contrat de concubinage. » Je ne crois pas que les sociétés protestantes donnent en l'acceptant un exemple manifeste de leur abaissement moral : le contraire est admis sans qu'on puisse invoquer, pour expliquer le fait, des différences secondaires de tempérament et de race.

Dans la loi du 20 septembre 1792, « l'Assemblée nationale considérait qu'il importe de faire jouir les Français du divorce, qui résulte de la liberté individuelle, dont un engagement indissoluble serait la perte ; » elle aurait pu ajouter que cette loi contribuerait à élever la moralité de la nation et à lui assurer

---

(1) V. Rabbinowiez, rôle de Jésus et des apôtres, 92.
(2) Voir Gagneur. *Du Divorce.*
(3) *Droit civil*, 11, 39.
(4) *Confessions*, p. 60.

des forces nouvelles, en brisant les chaînes odieuses, en laissant au cœur une liberté d'expansion, non contraire à l'ordre public et à la conscience.

Montesquieu (1) a plaidé éloquemment cette cause : Le divorce, dit-il, était permis dans la religion païenne ; il fut défendu aux chrétiens. Ce changement, qui parut d'abord de si petite conséquence, eut insensiblement des suites terribles.... Dans une action si libre, où le cœur doit avoir tant de part, on mit la gêne, la nécessité et la fatalité du destin même. On compta pour rien les dégoûts, les caprices et l'insociabilité des humeurs : on voulut fixer le cœur, c'est-à-dire ce qu'il y a de plus variable et de plus inconstant dans la nature, on fit comme ces tyrans qui faisaient lier des hommes vivants à des corps morts.... Il ne faut pas s'étonner si l'on voit chez les chrétiens tant de mariages fournir un si petit nombre de citoyens.... »

Voilà les sentiments vrais dont étaient pénétrés la plupart des législateurs de 1792 ; l'immortelle Chambre de 1816, qui fatigua même Louis XVIII, osa les nier.

Quant au législateur moderne, qui voudra-t-il donc imiter ?

La question est d'autant plus pressante que le célibat religieux et le célibat militaire, comme je l'ai dit, s'unissent avec des dispositions trop égoïstes pour appauvrir la France, alors que son avenir réclame tant de bras.

(1) *Lettres persanes*, p. 253.

Des esprits de moyen terme s'opposent encore au rétablissement absolu du divorce.

Eh bien! qu'on maintienne donc hors nos lois le divorce par consentement mutuel, mais qu'on s'empresse de rétablir le divorce pour cause déterminée. Lorsque des époux implorent de la justice une séparation de corps pour cause d'adultère, pour excès, sévices ou injures graves, ou pour cause d'infamie, quoi de plus simple, de plus sage que de remettre au tribunal, jugeant réellement en connaissance de cause, le pouvoir de prononcer ou la séparation ou le divorce! Avec les garanties d'honneur et d'équité qu'il offre à la société, serait-il donc imprudent de remettre à sa décision la fortune et le sort des enfants? Qu'on n'oublie pas d'ailleurs que beaucoup de ces unions sont infécondes, et qu'en les brisant pour toujours, le juge servirait en vérité la nature et l'ordre social.

Dans une question aussi délicate, où domine l'appréciation des sentiments, il serait peut-être plus rationnel de remettre la décision souveraine à la société elle-même, au jury.

Que dirai-je du duel, à une époque où les témoins, malgré la sympathie publique, sont souvent punis de peines sévères pour avoir sauvegardé la dignité des combattants et la loyauté du combat?

En 1563, l'Eglise fulmina l'excommunication, non-seulement contre les combattants eux mêmes, mais encore contre les parrains, contre ceux qui auraient donné conseil pour le droit ou pour le fait; contre les spectateurs eux-mêmes, contre tous seigneurs tempo-

rels qui auraient fourni dans leurs domaines un terrain pour le combat : elle crut faire son devoir en
arrêtant la violence (1).

Depuis, les rois se sont montrés cruels : ils ont
voulu préserver leur noblesse d'un entraînement désastreux.

La raison humaine a fait des progrès incontestables : le duel est devenu le plus souvent une affaire,
non d'orgueil, mais de nécessité supérieure. Le duel
s'appuie sur des sentiments si respectables qu'il faut
plutôt les entretenir que les étouffer : nos mœurs sont
de plus en plus portées vers une civilisation qui,
d'elle-même, peut arrêter les conséquences de ridi-
cules débats ou de brutales attaques (2).

Il est des cas absolus, où l'honneur ne pourrait
s'accommoder d'une réparation judiciaire ; l'y con-
traindre par des entraves, c'est l'affaiblir ; dans cette
nation, jalouse et fière, c'est supprimer tôt ou tard
une vertu.

« Demander, dans un Etat libre, des gens hardis
dans la guerre et timides dans la paix, c'est vouloir
des choses impossibles (3) » Cette observation s'applique indirectement au sujet ; elle mérite d'être
méditée, depuis l'obligation, démontrée par nos désastres, de transformer la nation tout entière en
société militaire.

(1) Jurisp. générale. Dalloz.
(2) Beccaria, 163.
(3) Montesquieu. *Grandeur et décadence des Romains.*

Quand le duel sera libre, quand l'homme cruellement offensé pourra, sans les compromettre gravement, faire appel à des témoins honorables, vrais juges, que le législateur alors se montre impitoyable pour l'arrogance calculée et l'adresse suspecte.

Le Pouvoir ne pourrait-il imiter l'exemple de la Belgique, et faire cesser l'incertitude de la loi ? L'esprit public est encore dominé par cette idée, qui fut celle de la cour de cassation belge, jusqu'en 1835 (Dalloz), que le duel n'est pas contraire aux lois.

Puisse l'opinion montrer de la fermeté et ne pas s'arrêter dans ses revendications légitimes ; elle doit obtenir pour le duel un règlement précis, et pour le divorce la satisfaction qui déjà lui a été refusée, mais qui lui est due.

Il est donc intéressant pour le relèvement de la France, qu'elle ne s'agite pas avec fracas et que, se gardant avec plus de soin des idées absolues, elle ne prenne point le bouleversement pour la réforme.

Les passions sont vives : le sang-froid est une qualité hautement appréciée, mais trop rare, indispensable pourtant à la bonne organisation de nos forces.

XVI. Ce n'est pas le dévoûment qui fera jamais défaut à la France.

Qui pourrait lui contester son profond sentiment des belles actions, son élan naturel et parfois inconsidéré vers la pitié, et cette générosité, chevaleresque, imprudente qui la porte invinciblement vers les faibles ?

Qui lui contesterait encore cette loyauté, qui soupçonne mal la ruse, qui dans l'attaque répugne aux surprises, et sait reconnaître partout, sans affectation, l'habileté ou la grandeur ?

Certains ennemis ont osé parler de « sa cruauté naturelle » ; mais tous les peuples doivent savoir que pour ceux-là la calomnie n'est jamais une arme à dédaigner. Je ne m'arrêterai pas naturellement aux bas-fonds de notre société trop souvent agités, où, comme dans tous les bas-fonds, on découvrira des instincts sauvages, et ces éléments universels, dont le cri sera jusqu'à la fin du monde : crucifiez-le !

La France a pu dans des moments terribles, et sous le coup d'un grand danger, oublier l'humanité ; mais sa cruauté, ou sa rigueur, ne fut jamais sournoise ; jamais elle ne l'a déguisée pour en éviter la responsabilité.

Depuis les guerres terribles (1674 et 1688), où les armées françaises brûlaient les villages du Palatinat en disant tristement « le roi le veut », jusqu'aux grandes campagnes de l'Empire, où Napoléon traîna à sa suite tant de nationalités diverses, on a essayé de lui enlever les sympathies du monde civilisé. Certes, les guerres que nous avons faites ou subies ont dû offrir de tristes spectacles, mais nos soldats ont montré presque toujours une pitié et une modération inconnues à d'autres vainqueurs. Ce qu'une armée française ferait de cent mille hommes

vaincus, dirai-je avec M. Hector Malot, je n'en sais
rien ; mais je crois qu'elle partagerait avec eux ses
rations. J'ai entendu raconter en Belgique que lorsque
nos ennemis, les Allemands surtout, se jetaient avec
voracité sur tous les aliments, sans se préoccuper
de ce qui resterait aux habitants pour vivre, les
Français partageaient le pain noir des paysans, sans
vouloir toucher au pain blanc, alors réservé aux
femmes et aux enfants.

Pour exprimer toute ma pensée, je reprocherais
même à l'humanité des Francais de dégénérer trop
souvent en philantropie fausse qui peu à peu, si l'on
n'y prend garde, faussera les sentiments, énervera le
patriotisme et amollira les courages ; peut-être
vaudrait-il mieux qu'ils fussent, non implacables,
mais plus rudes.

Cette générosité n'est pas toujours assez réservée,
je l'avoue; elle se dépare chez beaucoup par une allure
naïvement théâtrale et protectrice. Mais elle est sincère.

« Pour l'honneur de l'humanité, écrivait H. Hei-
ne (1), je dois parler ici de la sympathie qui, au dire
des émigrants allemands, les accueillait par toute la
France, à chaque station de leur douloureux trajet. »

Beccaria déclarait tout devoir aux livres français,
qui avaient développé dans son âme les sentiments
d'humanité, étouffés par huit années d'une éducation
fanatique (2).

(1) Reisebilder, i, 376.
(2) Lettre à Morellet (1766).

Il est incontestable que la France a un sentiment profond de l'humanité, et que son génie est particulièrement propre à en développer les bienfaisants effets.

XVII. Je regrette qu'en général nous soyons mal jugés par les étrangers, jaloux de secouer ce joug de l'esprit que la France leur imposa depuis Louis XIV. Mme de Stael (1), parlant de Lessing, se plaignait qu'on eût peint les Francais qu'avec des traits lourds, « dont la ressemblance n'est ni délicate ni frappante. »

On essaie aujourd'hui de retourner systématiquement contre eux cette ironie, dont ils ont abusé, et que les étrangers surtout, qui vivent au milieu de nous, s'empressent de nous prendre et de nous opposer.

Ils méritent meilleure justice.

J'ignore s'ils sont bien représentés dans les autres nations par leurs colonies, dont l'émigration, en dehors d'exigences politiques, n'est pas déterminée ordinairement par des raisons aussi puissantes que l'allemande et l'anglaise. Je regretterais que notre société démocratique fût jamais compromise, hors de France, par des gens comme ceux que Hamilton trouvait en Angleterre au retour du roi Charles II, « étourdis, méprisant tout ce qui ne leur ressemblait pas (2) ». Les nations se prêtent si facilement,

(1) Allemagne, p. 203.
(2) *Mémoires de Grammont*, p 114.

par un général penchant, les qualités mauvaises de l'homme qui les trompe ou les blesse ; et il est si doux d'exalter par une comparaison limitée sa propre dignité !

La responsabilité est grande ; car, plus que jamais, il faut que chacun dans ces colonies se pénètre profondément de l'idée nationale pour en soutenir l'honneur à tout instant et avec toutes ses forces.

Si l'étranger relève des observations sur la France, ce n'est point la province qui en fournit les traits, comme le voudrait, avec raison, J.-J. Rousseau ; c'est Paris, « où seulement, d'après Duclos (1), » il faut considérer les Français, parce qu'on y est plus français qu'ailleurs ; Paris, avec ses extrêmes et son mélange cosmopolite, où les nuances sont plus difficiles à saisir dans l'ordre moral !

La passion s'attache à ces jugements, que dominent des impressions, quelquefois reçues dans un monde suspect.

Il y a heureusement de hautes exceptions.

En dehors de sa position géographique, d'un facile accès, la France, par les agréments d'une civilisation élégante et aimable, comme par l'éclat et l'audace de la philosophie, a attiré, dans sa capitale, les esprits les plus ardents et les plus jaloux ! Elle a eu encore, grâce à son humeur inquiète, des rapports violents avec presque tous les peuples ; mais seule elle a su en perdre le souvenir et déposer ses colères : la guerre

_____

(1) *Considérations sur les mœurs*, p. 15

de 1870 l'a éclairée, mais trop tard; et cette guerre
l'a livrée plus que jamais aux discussions passionnées
de l'Europe.

Dieu me garde d'oublier les devoirs de la cour-
toisie; mais je ne crains pas de dire qu'à cause même
de l'état politique de leur société, les Français doivent prendre une attitude plus discrète vis-à-vis des
étrangers qui les visitent, et auxquels souvent ils
livrent, avec un grand abandon, leurs sentiments et
leurs aspirations : qu'ils craignent davantage d'être
pris au mot de leur critique et de leurs paradoxes :
qu'ils croient moins facilement à la bienveillance. Il
faut qu'ils perdent, de ce côté, leur demi-crédulité,
leur confiance facile, et qu'ils sachent mesurer plus
exactement leur sympathie.

Beaucoup de ces étrangers, dont quelques-uns sont
animés des plus nobles sentiments, appartiennent
généralement à la partie aristocratique ou riche de
leur nation : le spectacle, qui chez nous frappe leurs
regards, heurte presque toujours, ou leurs idées, ou
leur amour-propre, ou leur intérêt dans l'avenir, à
cause de l'esprit de prosélytisme qu'affiche la démocratie française.

On rend encore hommage au goût français, qui
rarement s'égare, à cette délicate et artistique harmonie qui éclate dans tous les genres, à l'entrain spi-
rituel de la société française : mais nous ne sommes
plus regardés, grâce à nos malheurs, comme les
dispensateurs nécessaires de la civilisation.

XVIII. Ces grandes défaites nous ont valu de bien des points le dédain et l'injure, et la France les a ressentis douloureusement : quoique d'une nature peu vindicative, elle ne pourra, sans un grand effort, en chasser le souvenir.

La souffrance est d'un fécond enseignement ; qu'elle évite donc, pour reprendre sa grande situation, perdue par surprise, les maladroits empressements ; que, plus soucieuse de l'action que de la manifestation, elle se confie en ce moment dans le travail et une froide persévérance, sans se préoccuper, autant que possible, de quelques sinistres sifflements.

Le recueillement est bien pour elle le premier des devoirs.

« Infortuné vaisseau, disait Horace à la République, n'affronte pas de nouveaux orages, demeure au port : tes bancs sont dépourvus de rameurs, tes antennes sont brisées et la tempête a fracassé ton mât (1). »

La dignité du caractère national s'est élevée par l'adversité : la bonne opinion de soi-même et le dédain de l'opinion étrangère ont presque entièrement cédé à une pensée plus sérieuse. Une sorte de pudeur anime, soutient les âmes : elles ressentent profondément les atteintes portées à notre autorité et à notre réputation.

La foule n'est point hostile aux distractions et aux plaisirs ; mais, abstraction faite de la tribu qui veut

(1) Livre I, ode 14.

ou doit tout voir, et d'un groupe de sceptiques, elle se détourne plus nettement des parades et des parodies, elle se montre plus amoureuse des nobles et vraies récréations de l'esprit; elle applaudit avec énergie aux flagellations du vice et à l'expression des grands sentiments; elle s'intéresse aux dissertations élevées; elle sait enfin tressaillir, aux scènes patriotiques, d'une émotion douloureuse et discrète.

Sous le coup de leçons si graves, il faut à une nation intelligente, qui se relève et qui pense, moins d'un demi-siècle pour dompter son imagination, affermir son bon sens, et organiser toutes ses forces.

« La clarté, la sociabilité, la sympathie, a dit M. Guizot, sont le caractère particulier de la France (1). » Pour des causes diverses, la sympathie lui a fait un jour défaut; elle peut se l'assurer de nouveau et pour toujours par une honorable simplicité dans l'individu, par la loyauté et la fermeté dans le gouvernement.

(1) *Histoire de la civilisation en Europe*, p. 7.

Le mal est venu de cette idée
qu'il faut venger la Divinité.

Il faut honorer la Divinité,
et ne la venger jamais.

MONTESQUIEU.
Esprit des Lois, liv. XII, ch. v.

IDÉE RELIGIEUSE

I. L'Italie est intéressée plus qu'aucune autre nation à connaître exactement quelles sont les dispositions religieuses de la France et quelle influence encore Rome a pu conserver sur nos âmes et notre politique.

Nous sommes témoins chaque jour de l'énergie que l'ultramontanisme déploie pour défendre pied à pied le terrain que reprend sur lui la société moderne. Vaincu presque partout, il réunit ses forces, fait appel à la puissance de Dieu comme à celle des hommes, et ne veut pas désespérer d'une suprême victoire; il semble se tordre sur le monde comme un dragon blessé. Sa diplomatie, tour à tour réservée ou hardie, cherche à agiter les nations chrétiennes, la France surtout, qui est appelée avec emphase « la fille aînée de l'Eglise, le soldat du Christ le, champion du droit. »

Cette agitation doit-elle servir l'Eglise ?

Si je ne me trompe, elle est de nature à déterminer plus tôt la crise qui menace l'idée catholique et à lui créer des hostilités plus actives dans l'opinion, comme l'observateur impartial a pu le voir dans un incident regrettable, où l'intolérance menaça les droits civiques d'un illustre savant.

L'Allemagne a violemment arrêté de hautaines prétentions : elle prétend lutter « pour soutenir la liberté civile et la liberté religieuse des peuples (1).

L'Italie contient avec un rare sang-froid des entreprises plus directes ; elle espère que la question romaine ne tardera pas à céder au patriotisme et aux mœurs.

Quant à la Suisse, où le recours à l'intervention étrangère a révolté toutes les consciences, elle a signifié au nonce la fin d'une mission qui durait depuis huit cents années (1074-1874). L'Angleterre aussi s'émeut et ses meetings aristocratiques ne donnent au pape que l'appui d'une sympathie impuissante.

Le peuple autrichien lui-même est entré hardiment dans une voie qui, d'après une déclaration ministérielle, « lui est tracée par le bon sens » ; désormais il saura contenir les empiétements de l'Eglise contre le domaine civil en dépit d'audacieuses manifestations.

La France ne paraît que faiblement atteinte par ce mouvement presque général : mais au fond, elle n'y est point si étrangère, et les affirmations cléricales, qui ont marqué comme d'une croix blanche l'année 1873, ont prouvé qu'il était nécessaire de resserrer d'antiques liens, et de briser des velléités certaines d'indépendance.

Seulement ses préoccupations qui ont été exclusivement religieuses sous Louis XIV, et pendant une grande partie du dix-huitième siècle, sont, en 1874,

_____

(1) Résolution prise au Rathhaus de Berlin.

de préférence politiques et économiques. Aussi je doute qu'elle apporte dans ce combat autant de résolution que la Suisse et l'Allemagne. Est-ce bien un mal ? Dans ces pays, le vieux catholicisme trouve une protection sérieuse et active dans la puissance séculière décidée à une rupture absolue. C'est du moins pour la Prusse ce qui ressort des termes de la lettre adressée par l'Empereur à l'évêque Reinkens : « Que Dieu veuille favoriser l'œuvre entreprise par vous en son nom ! Puisse la conviction que vous partagez et qui est indubitablement vraie s'étendre de plus en plus, à savoir que dans mes états le respect de la loi est compatible avec l'exercice du culte de toutes les communautés qui ne poursuivent pas un but terrestre, mais recherchent seulement la paix de l'homme avec Dieu.»

Il est probable que si les libéraux obtenaient enfin la liberté des réunions religieuses. le mouvement s'accentuerait aussitôt. Il serait singulièrement curieux et instructif pour toute la nation de poursuivre cette expérience qui ferait mieux connaître le sentiment général et permettrait de savoir plus sûrement si le catholicisme possède encore cette vigueur que beaucoup lui attribuent, ou s'il n'est plus d'autre enthousiasme que celui de la Patrie.

« Le père F..., le père H... peuvent tout dire, écrivait Sainte-Beuve en 1865, et je ne m'en plains pas, mais si en sortant de là on veut répondre. etc., on est empêché et baillonné ; il n'y a pas égalité. La reculade est frappante ; elle n'est pas seulement du gouvernement, elle est de la société même, au moins dans les couches dites élevées. »

La conscience publique ne peut que gagner à la netteté des situations.

II. La religion est réellement dominée chez nous par une sorte d'indifférence qui s'appuie sur une grande tolérance.

Les secrets de la théologie dont Erasme faisait honneur aux Parisiens (1), n'intéressent plus qu'une infime minorité : la franchise du caractère national s'en trouve bien. L'homélie n'excite plus l'intérêt ou la curiosité du grand public, si ce n'est lorsqu'elle s'anime, comme il arrive assez souvent, de l'ardeur politique.

Ce sentiment presque général résulte, non d'un défaut d'énergie, mais d'une éducation où dominent les à-peu-près, non les principes rigoureux et précis; qui repousse et la révolte et l'attachement; il assure la paix dans les familles, quelle que soit la diversité des opinions.

Il est une observation importante à faire : c'est qu'en dehors de la classe élevée philosophiquement, la majorité obéit de moins en moins à la superstition et à la peur; elle s'abandonne avec plus de franchise aux vrais instincts de tolérance pour respecter tout ce qui couvre l'idée de la divinité. La vie commune, dès l'enfance et l'adolescence, est acceptée si cordialement entre catholiques, protestants,

(1) Eloge de la folie.

israélites, qu'il est impossible désormais de modifier ces sentiments élevés.

Le catholicisme s'est donc adouci en France par l'effet d'une civilisation dont la délicatesse répugne aux exagérations religieuses et à la persécution. Pour beaucoup, il est resté une croyance fondamentale, mais tempérée par la raison, « croyance pure, morale, œuvre en tout cas d'un réformateur sublime, commentée pendant dix-huit siècles (1). » Ils l'admettent donc en l'épurant d'eux-mêmes, sans recourir à une appellation nouvelle. C'est là cause principale de cette fermeté de la nation contre les publications qui ont attaqué le catholicisme.

A vrai dire, heureux d'une influence considérable, notre clergé s'est montré longtemps d'un rigorisme accommodant, tenant à l'apparence seule presque autant qu'à la réalité, évitant le plus possible la discussion qui propage le doute. Aussi les convenances intellectuelles ont pénétré peu à peu le catholicisme, et en ont fait une association sans agrément mais sans charges. Cette habile conduite a fait place, par l'excitation des Jésuites, soutiens fidèles de l'absolutisme, à un maladroit excès de zèle et à la violence, dont les conséquences seront peut-être le regret le plus amer des hommes vraiment pieux, lorsque l'approche de la mort leur aura donné une vue plus claire de cette agitation. L'Église, dans sa passion, n'a voulu voir hautement en dehors d'elle que des athées et des traî-

(1) Thiers, *Consulat et l'Empire*, 3, 207.

tres : par une opposition également systématique, on
n'a vu en elle que du fanatisme et de la superstition.
Ce conflit a jeté partout plus ou moins fortement des
germes de doute ; il a troublé réellement la situation
acquise du clergé et affaibli partout son influence sociale. Que d'esprits se sont alors ouverts à la lumière !
La raison a été réveillée par des débats qui n'enga-
geaient rien moins que la loyauté et l'intérêt des peuples, en les livrant aux aventures.

L'abus de pratiques bizarres, éclatantes, organi-
sées un peu à la mode païenne, a encore lassé l'opinion, qui, aujourd'hui, voudrait éviter toute surprise
et mieux déterminer sa foi.

III. Si la religion a été ébranlée par ces attaques,
on aurait tort cependant de croire, malgré quelques
apparences mauvaises, que l'édifice est en danger de
crouler. Qu'on n'oublie pas qu'en 1738, déjà, d'Argenson s'écriait : « On va tout droit à un schisme ; »
qu'en 1753, il disait : « Le règne des prêtres est
fini (1). » Et quand, à la Révolution, on vit monter à
la tribune (2) les Gobel, les Julien de Toulouse, les
Lindet, etc., pour y abjurer le christianisme, ne pou-
vait-on pas dire que c'en était fait des vieilles
croyances ? Après des chocs violents qui ont seulement raffermi des zèles, le catholicisme est redevenu
puissant ; il a même connu une série de triomphales

(1) V. Aubertin, p. 282, *Esprit public au* xviiie *siècle.*
(2) Journée du 17 brumaire an II.

années. Je sais que le rationalisme a fait depuis un grand pas, et que s'il se montre moins âpre à l'attaque, c'est qu'il est plus sûr de lui-même et veut mesurer ses coups.

Le catholicisme est comme une pièce d'argent dont l'usage a en partie effacé l'effigie, mais qui garde, longtemps encore avant de disparaître, sa valeur dans les pratiques et les besoins de la vie. Il faut compter sérieusement avec lui, et la révolution philosophique qui doit fatalement l'abattre, d'après une idée assez répandue, est bien loin d'être, pour les esprits, aussi sensible en 1874 que la révolution politique le fut en 1774.

La papauté elle-même ne doit pas être traitée avec un trop grand dédain ; elle a suscité, dans ces temps tourmentés (preuve encore d'une certaine force), de nobles et profonds dévouements.

Qui sait s'il ne suffirait pas d'un directeur doux et ferme, ayant l'intelligence de son époque, pour retenir bien des hésitations ou bien des désertions ?

Est-il vrai (1) qu'en acceptant les idées de liberté et de progrès, la papauté fasse inévitablement le sacrifice de sa propre existence ? Tout ce qui tient à l'ultramontanisme semble le croire ; mais je suis fermement convaincu que, dans cette voie seulement, le catholicisme trouverait le salut, si toutefois, pour mon compte, je ne l'admets guère, il n'est point irrévocablement condamné dans l'avenir.

(1) V. Lanfrey, *Hist. des Papes*, p. 379.

IV. A part les esprits qui obéissent logiquement et sans défaillance aux leçons de la raison, les Français, il faut le reconnaître, acceptent encore, les uns par conviction, les autres par une haute convenance, ou respect humain, beaucoup par une habitude du cœur, l'héritage des vieilles croyances. Il faudrait un génie bien puissant pour faire triompher aujourd'hui une révolution radicale dans le système religieux.

On sait avec quel art le catholicisme a subjugué les esprits. Une nation comme la nôtre, où le sentiment l'emporte souvent sur la raison, se détachera difficilement d'une religion qui fut celle de l'enfance, qui a été mêlée au moins officiellement aux principaux événements de la vie, et qui a répandu d'émouvantes prières sur la tombe d'êtres chers. Puis, abandonner une religion dont les aïeux ont suivi strictement les enseignements, n'est-ce point, au moins en apparence, une trahison? Beaucoup de Français, emportés par cette idée étroite, y cèdent sans fermeté, mais après tout sans deshonneur, retenant simplement, « constamment, comme Descartes, la religion en laquelle Dieu leur a fait la grâce d'être instruits dès l'enfance. » Le catholicisme a su même captiver l'humaine faiblesse par cette habile création de protecteurs dans le ciel; l'âme est si facilement séduite par le merveilleux!

On s'étonne à bon droit que l'Église se soit reposée dans sa puissance avec une immobile sécurité; qu'elle ne s'en soit pas servi pour prendre partout et plus hardiment qu'en 1847, sans danger pour son organisation, la direction des aspirations populaires, dont personne n'avait une plus intime connaissance, et pour rendre des services aussi bien à l'époque civilisée qu'aux époques barbares. Quel rôle grandiose et fécond! Que de luttes sanglantes épargnées au peuple, dont il eût été l'interprète autorisé! Que de bienfaisantes transformations, si l'orgueil n'eût pris la place du désintéressement!

Notre époque est manifestement révolutionnaire: du haut de la chaire, tribune toujours redoutable dans une société où la liberté de s'assembler n'est pas donnée également à tous les citoyens, le clergé ose foudroyer même la foi qui raisonne et entend raffermir les vieilles idées de soumission. C'est lutter contre un torrent. Ils le sentaient bien, avant la crise actuelle, les nobles esprits qui ont tenté de concilier le progrès moderne avec les enseignements de la religion et qui n'ont jamais trouvé près d'une cour intolérante que la défaveur et la persécution! Ils se sont vus accuser de vouloir unir « la stabilité et la révolution, accorder les lumières avec les ténèbres ». Leur effort a été brisé; et tristement ils ont abandonné l'Eglise à sa destinée, dont ils ont dû entrevoir au moins l'abaissement dans l'avenir.

V. Le clergé met son espérance dans les nouvelles générations, toujours plus éloignées de la diabolique Révolution de 89. Sans obéir à un préjugé, je crois que son influence est stérile dans les colléges de l'Etat, et que, si elle n'est pas inefficace dans les nombreuses institutions dont il a la haute main, la plupart des jeunes gens, à leur entrée dans le monde, ne tardent pas à se montrer plutôt hostiles que favorables au catholicisme.

« Les personnes, a dit l'abbé Perreyve (1), qui ont l'occasion d'étudier les tendances actuelles de la jeunesse française savent, à n'en pouvoir douter, que ces tendances ne sont nullement irreligieuses. Le rire voltairien sur les choses divines a disparu de nos écoles. »

Cette observation me paraît juste, mais sans la signification spéciale qu'y attache l'écrivain. Il est vrai « qu'on ne traite plus l'Eglise, comme a fait le XVIII⁰ siècle, avec cette sacrilége pitié qui ne voit dans ce qu'elle méprise qu'un néant ridicule. »

L'idée du XVIII⁰ siècle était trop violente et trop rapprochée de l'athéisme pour produire un effet absolu et pour ne pas appeler une réaction. Le XIX⁰ siècle procède avec calme et tenacité ; depuis quatrevingts ans, les théories nouvelles qui tendent, non plus à détruire, mais à modifier, ont trouvé partout un appui sérieux et ont pénétré jusque dans le peuple, qui par une ignorance complète, était resté jusqu'alors entièrement étranger à ces spéculations.

Le sentiment religieux existe, mais il est moins tourné vers le catholicisme, dominé par la jésuitisme, dont on se détache plutôt sans grossièreté et sans

---

(1) Lettres de Lacordaire. Préface.

bruit, et qn'on ménage toujours comme un puissant levier pour la vertu et la charité.

Une tolérance générale et les libertés conquises ont enlevé des esprits l'aigreur qu'y entretenait l'omnipotence cléricale, si impatiemment supportée, et chacun exprime plus librement et plus doucement son opinion religieuse.

VI. Vauvenargues serait satisfait du sentiment public : on ne « range plus au rang des génies et des âmes fortes des hommes obscurs, seulement parce qu'ils méprisent la religion. » La fanfaronnade anti-religieuse est partout jugée de mauvais goût et suspecte.

L'athéisme compte peu d'adeptes ; c'est qu'il est bien étrange de croire que le ressort de la vie se place et se brise de lui-même dans la machine humaine. On plaint ceux qui ne sentent pas la puissance de Dieu, dont le psalmiste a dit « que sa justice est élevée comme les montagnes et ses jugements profonds comme l'abîme. » Triste doctrine qui aboutit à mettre, à la fin de la vie terrestre, sur une même ligne, le vice et la vertu ; doctrine imbécile et illogique dans l'homme, qui n'a pas au moins l'excuse d'une science ardemment investigatrice.

J'écarte deux groupes, l'un fort restreint, qui croit à un Dieu et le redoute parce qu'il voit en lui le grand docteur occupé à faire sur les hommes, comme sur de vulgaires animaux, de douloureuses expériences ; l'autre, assez nombreux, qui n'a pas l'idée active de la

Divinité et qui pense que le travail, avec une pensée honnête, doit être la seule prière.

Le déisme semble devenu de plus en plus dans la partie éclairée de la nation l'objet d'une aspiration sincère. Mais s'il attire presque invinciblement, il n'a pas, pour attacher, de formules aussi effectives que le catholicisme. « Une des plus fortes raisons des progrès du christianisme, c'est qu'il avait des dogmes et un système suivi, quoique absurde, a dit Voltaire; et les autres cultes n'en avaient pas » (1). C'est très-vrai. La Réveillère-Lepaux, dans l'organisation de la Théophilanthropie avec des temples, des prières et des chants, a essayé de combler cette lacune matérielle; mais cet essai n'était-il pas contraire, nuisible à l'esprit du déisme, qui est par son essence même absolument au-dessus des formules matérielles et ne demande qu'une direction intime vers Dieu, avec la pratique de la vertu? Cette religion, propre à l'individu, me semble, comme celle de l'honneur, répugner à une discipline formaliste. Dieu unique, juste et non impitoyable, l'immortalité de l'âme, la tolérance, la haine de l'égoïsme et de l'injustice, l'amour de la vérité, tels sont les principaux enseignements d'une religion, qui se prête si bien aux inspirations du cœur, qui ne trouble jamais l'ordre établi par la loi, ni la liberté des sociétés religieuses, et qui admet, comme Erasme, cette magnifique pensée « que l'univers est un vaste monastère où tous les hommes sont frères. »

(1) *H. de l'établ. du christianisme*, 6, 411

Le déisme rallie donc de nombreux partisans qui font le bien simplement, cherchent sans cesse le perfectionnement de leur âme, sans souci d'incarnations futures, et veulent, comme Michelet, rendre le dernier soupir « en une ardente aspiration.» Les classes moins bien servies par la raison et l'étude n'en comprennent pas encore la haute simplicité: il est naturel que le clergé conserve sur elles quelque puissance.

Dégagé de certaines puérilités, qui retiennent l'attention sans profit moral, il faut dire que le catholicisme, dans l'état de nos mœurs, est encore, par l'association de la prière et l'interprétation vive de sentiments profondément enracinés dans le cœur humain, une religion nécessairement populaire. Il donne un corps aux méditations intimes, et l'âme n'est pas encore le temple unique qui puisse suffire au plus grand nombre : certains esprits ont besoin de limites qui les fixent, d'une association qui les soutienne, de formules et de pratiques qui affirment leur sentiment, d'intermédiaires enfin entre eux et Dieu. « Il faut, a dit Strauss, se résigner à parler dans sa langue à la foule, qui n'arrivera jamais à la pensée philosophique pure. »

D'ailleurs Dieu est Dieu, et Jésus-Christ est aussi son prophète.

VII. Le catholicisme n'est pas l'objet, comme institution, d'une très-grande sympathie, en raison de son passé et même encore des embarras qu'il nous suscite par sa turbulence. La nation ne peut oublier quelle fut l'énormité de ses priviléges et surtout de ses richesses dont Montesquieu a dit : « Le clergé recevait tant, qu'il faut que dans les trois races on lui ait donné plusieurs fois tous les biens du royaume »; richesses, qui, en 1789, montaient, d'après Treilhard, à quatre milliards, sans compter 130 millions de revenus par la dîme. Elle n'oublie pas qu'il la domina et l'opprima ; « qu'après le cinquième siècle, selon M. Guizot (1), il soutint constamment, et pour le partager, le pouvoir absolu des princes temporels aux dépens de la liberté des sujets »; enfin qu'il s'est affranchi le plus possible des charges, ne prenant que les avantages, comme si la prière — Richelieu le prétendit hautement aux États généraux de 1614 — était le seul tribut qu'une nation dût réclamer aux ecclésiastiques (2).

Depuis l'année 1853, depuis l'époque où la cour de Rome sortit d'un repos apparent pour entrer dans une période d'agressive activité, et surtout depuis 1860, la confusion de la politique et de la religion a éveillé de réelles inquiétudes. La prudence, le bon sens exigent, pour notre sécurité intérieure et extérieure, que la question religieuse soit strictement subordonnée aux intérêts nationaux : un citoyen doit préférer le salut de la patrie à la grandeur inutile de la papauté.

La majorité des Français apprécie aujourd'hui

---

(1) *Civilisation en Europe*, p. 58.
(2) *La Liberté*, par J. Simon, I, 63.

comme il faut les impatiences de l'Italie avant 1870, en face de ce pouvoir théocratique, qui attira si souvent sur elle les malheurs de l'invasion étrangère. Pourrions-nous donc accepter un pareil voisinage dans Avignon et le comtat Venaissin? Qu'a fait la France en 1792, lorsque Kaunitz (1) demanda par Cobentzel qu'on rendît les biens au clergé, le comtat et Avignon au pape? Et qui voudrait prendre jamais vis-à-vis de l'Italie le rôle de Kaunitz?

VIII. Il serait imprudent de s'associer aux espérances de destruction radicale qui se font jour dans certaines sphères, où l'on prodigue sans réflexion l'outrage et la dérision : le meilleur parti dans notre situation présente n'est pas de détruire, mais de simplifier, d'améliorer.

Un grand nombre de Français intelligents et généreux, nés dans la religion catholique, n'ont pas gardé les croyances premières et s'abstiennent de les combattre. Autant ils ont horreur du fanatisme, autant ils s'inclinent avec respect devant une conviction simple et sincère, comprenant, sans se croire tenus de l'accepter pour eux-mêmes, la haute valeur de toute religion, quand elle est servie par des hommes désintéressés dans le seul but d'élévation morale. Ils n'affectent pas de trouver dans tels ou tels enseignements des fables, toujours bonnes pour le peuple, et auxquelles à ce titre il ne faut pas toucher : un pareil sentiment comporterait le dédain du peuple, et leur vue

(1) Mignet, *Révolution française.*

est plus élevée. Forts d'une loyale tolérance, ils craignent honnêtement que des formes subtiles et l'introduction constante du merveilleux ne dépriment les caractères et ne dénaturent le culte au détriment de la dignité humaine. A leurs yeux, le clergé emporté par un zèle excessif outrepasse et fausse sa mission en jetant les fidèles aux pieds de leur Dieu avec une si profonde humilité, avec un si complet anéantissement qu'il ne peut en résulter qu'un mépris injuste de l'humanité. Il leur semble dangereux de préparer les pentes qui conduisent à l'obéissance fatale et à la servitude.

Dévoués à la patrie, qu'ils veulent avant tout calme et grande, ils regrettent que le clergé français, cédant aux inspirations passionnées de l'ultramontanisme, matérialise trop cette foi simple, qui sait encore offrir à la souffrance un si puissant secours.

On ne supprime pas tout d'un coup une tradition si émouvante et si populaire ; la raison elle-même ordonne de la ménager, mais il convient que son vrai caractère ne soit pas masqué par des appareils pompeux et des magnificences bizarres.

Comme le prêtre gagnerait en puissance morale, s'il repoussait sans arrière-pensée les formes d'une dévotion raffinée, qui touche à la superstition ; s'il enlevait au culte ces formules, ces atours ingénieux qui compromettent par trop d'éclat et dénaturent sa réelle majesté !

Surtout, que nos docteurs en théologie n'en reviennent plus « à ces pratiques saugrenues, dont parlait Erasme (1), à ce mode d'ériger en patrons pour chaque pays des divinités particulières, qui ont leur puissance particulière et leur culte particulier, comme la vierge surtout à qui on attribue, pour ainsi dire, plus de puissance qu'à son fils. »

Il serait meilleur de contenir les masses dans les bornes d'une piété virile que de les pousser au sentimentalisme mystique et de provoquer ainsi les emportements d'une réaction mauvaise.

Le catholicisme, s'il était dépouillé des broderies jésuitiques, garderait encore sous son drapeau un groupe très-nombreux qui croit à tort se venger d'une pression séculaire par une opposition d'irréligion.

IX. Le peuple des villes se rend de plus en plus étranger aux cérémonies religieuses : il n'en est pas encore de même du peuple des campagnes.

Le premier, qui aspire sans droit réel à la direction de l'esprit public, a l'idée plus énergiquement progressive ; il se rend un compte plus exact des prétentions cléricales et se sent mieux soutenu. La lutte contre l'idée catholique s'accentue chaque jour davantage parmi les ouvriers, et le lundi ne semble pour eux qu'une réponse systématique au dimanche, « repos des esclaves. » L'essai des cercles réussira-t-il ? J'en doute. Cette entreprise morale eût été pourtant bien féconde, si elle n'eût pas été aussi exclusive ; elle a trouvé partout la méfiance ; on n'a voulu y voir qu'une recherche indirecte d'influence au profit

(1) *Eloge de la folie.*

de l'ultramontanisme. Erreur grave de la part de l'Église qui ne sait pas se modérer, comme de la part de ce monde de travailleurs qui, absorbé par des souvenirs irritants, ne sait pas reconnaître « que la révolution de 89, objet de son admiration et de sa reconnaissance, a été l'application de l'esprit évangélique à l'ordre social. »

Le second s'appuie encore au clocher :

Ses habitudes religieuses sont plus méthodiques, et ses désirs d'émancipation sont combattus plus directement et plus puissamment par les influences locales. D'ailleurs, sans se laisser remuer profondément par les apparitions miraculeuses, ou les prophéties répandues à tout hasard, il est loin d'être détaché des idées et des formes catholiques, dont la poésie d'ailleurs est plus pénétrante aux champs qu'à la ville. Baudelaire, lui-même, a remarqué et traduit dans un sonnet cette émotion religieuse, qui gagne facilement dans les villages l'homme auquel le scepticisme n'a pas enlevé la sincérité des impressions :

. . . .
Quand le clocher s'agite et qu'il chante à tue-tête,

. . . .
Quand tous, pour entonner l'office qui s'apprête,
S'en vont, jeunes et vieux, en pimpant appareil,

Lors s'élevant au fond de votre âme mondaine,
Des sons d'orgue mourant et de cloche lointaine
Vous ont-ils pas tiré malgré vous un soupir ?

Cette dévotion des champs, joyeuse et franche,
Ne vous a-t-elle pas, triste et doux souvenir,
Rappelé qu'autrefois vous aimiez le dimanche ?

Cependant, les paysans commencent à prendre dans les villes, grâce à des communications plus faciles, un esprit d'opposition qui, dans les campagnes où la question d'argent est toujours grave, s'exerce sur les incessants appels faits à toutes les bourses au nom du pape et des saints..... quand, disent-ils, il y a tant de misères encore à soulager. Hé! Ce dernier propos rappelle Calvin, accusant l'Église « pour qui c'est plus horrible péché de n'avoir point employé son argent aux pompes de ses fêtes que d'avoir délaissé un pauvre dans une extrême nécessité. »

Il est regrettable qu'il n'y ait pas chez les ouvriers et les paysans un sentiment religieux plus actif, s'exprimant par de brèves prières, une croyance loyale et simple, comme celle d'un vieux soldat, entre le catholicisme, ou le déisme, d'une part, et l'indifférence absolue de l'autre : chez d'autres nations, le nom de Dieu est toujours à la bouche, dans le monde des ouvriers comme dans celui des savants et des riches : affectation inutile! Ce qu'il faudrait parmi nous, c'est que l'idée de Dieu, d'une Providence sage et juste, fût plus souvent présente à l'esprit : quel soutien dans les épreuves! et quelle force pour le bien!

Les convenances et les accommodements ont créé parmi nous un doctrinarisme catholique, qu'il y a quarante ans Alfred de Vigny signalait en disant : « Les chefs de partis politiques prennent le catholicisme comme un mot d'ordre et un drapeau : mais quelle foi ont-ils dans ses merveilles, et comment suivent-ils sa loi dans leur vie ? » C'est ce doctrinarisme qu'il importe aussi de corriger ou plutôt d'anéantir.

X. Ce qui surtout émeut et étonne la France, c'est l'humble dépendance et le dévouement absolu des prêtres vis-à-vis d'un pouvoir étranger, dont les intérêts ne peuvent être évidemment ceux de la nation et dont les emportements ont été si contraires au repos général.

La papauté a resserré encore les liens qui lui rattachaient le clergé français : elle a détruit les derniers vestiges de l'indépendance gallicane, qui avait donné à l'Église de France un renom de libéralisme..

Lorsque le P. Hyacinthe, l'accusant d'étouffer le christianisme sous d'inutiles ornements, se sépara fièrement de l'ultramontanisme, il produisit une impression considérable par sa noble protestation « contre le divorce impie autant qu'insensé qu'on s'efforce d'accomplir entre l'Église et la société du XIXᵉ siècle (1). » Je ne veux pas rechercher si ce réformateur a donné à son idée une précision suffisante; mais ce que je crois fermement, c'est qu'il n'abusera pas de son succès, comme ses ennemis l'espèrent, pour substituer sa dictature à la dictature romaine. Ce n'est pas lui qui décidera jamais les vieux catholiques de Suisse à commettre la faute des vieux catholiques d'Autriche, assez imprudents pour rechercher dans l'évêque Reinkens, de Prusse, un nouveau pape. On

_____

(1) V. Lettre du 20 septembre 1869.

a lu avec un grand intérêt la lettre qui lui fut adressée par un personnage romain, et qui montre assez
bien l'idée qu'il poursuit : « Élever l'édifice d'une sage
et puissante réforme sur la liberté dont les membres
de l'Église jouissaient dans les premiers siècles du
christianisme, sans rompre, comme le protestantisme,
avec toutes sortes d'autorité, même collective et ré-
sidant dans l'église universelle. »

Que la France en est loin !

Le P. Hyacinthe a déterminé un mouvement réel,
mais dont le retentissement s'est assez vite affaibli
parmi nous. Il est vrai de dire qu'une croisade fut
savamment organisée pour accaparer l'opinion et
pour discréditer un homme généreux, dont le crime
est d'ébranler la puissance papale et de vouloir faire
de l'ultramontanisme « une secte obscure (1), » en
ramenant les catholiques à la simplicité du Christ.
D'ailleurs, il devait échouer dans un pays où les esprits, comme je l'ai dit, sont assez éclairés pour applaudir à la vérité, mais généralement trop réservés
en religion ou trop absorbés par la politique pour sacrifier leur repos au triomphe de l'idée nouvelle.

J'ignore quel sort est réservé au vieux catholicisme ; je croirais volontiers qu'en France l'avenir
n'est pas à lui. D'une part, les vraiment fidèles, ceux
qui adorent sans examen, sont encore assez nombreux, assez actifs et assez puissants, grâce à l'indifférence ou à la discrétion des uns, grâce à la crainte

(1) Discours du 24 août 1873.

ou à l'ambition des autres, pour soutenir encore et sauver l'édifice catholique. D'autre part, si, contre mon attente, le catholicisme succombe jamais, je doute qu'avec les idées françaises il renaisse par une transformation modérée ; et pourtant, n'est-ce pas sur ce terrain que tant d'hommes pourraient encore se rencontrer ?

XI. Si le clergé inférieur était livré à lui-même, il serait porté par son origine même, origine démocratique, à la conciliation. Mais sous la surveillance de chefs vigilants et autoritaires, ce sentiment intime est prudemment refoulé. Bien des prêtres affirment qu'ils n'obéissent, dans tout ce mouvement, qu'aux inspirations de leur conscience ; mais la discipline exacte qu'ils observent, la conduite méthodique de l'agitation ultramontaine prouvent un mot d'ordre étranger, qu'ils doivent accepter s'ils ne veulent être brisés.

L'Église de France est loin de recruter ses soldats, comme le sacerdoce antique, parmi les patriciens : ils sortent des ouvriers, des paysans surtout ; ils tiennent aux entrailles du peuple. Pour notre société, c'est dans cette origine même qu'ils puisent une partie de leur force.

Le clergé inférieur a, mais sans épicurisme, l'amour d'un bien-être relatif ; son orgueil et son ambition sont fort limités, son honnêteté n'est guère suspecte, et son autorité, si elle est parfois combattue, n'en est pas moins réelle. Ses idées sont étroites, mais ne l'emportent pas naturellement jusqu'à l'extrême Intolérance. Ce n'est pas de sa bouche que tombent, ordinairement, les prédications ardentes. Les paysans trouvent en leur curé un directeur quelquefois remuant, le plus souvent dévoué, qui trompe rarement leur confiance. S'il a, fait exceptionnel, quelque fortune, il devient ordinairement le bienfaiteur d'une commune.

Le type du bon curé de Veretz n'est pas si rare !

Qu'on étudie humainement, sans exagération, la conduite privée de ce clergé, la vérité obligera de reconnaître qu'en dépit de tentations et de facilités nombreuses, elle est en général régulière et digne.

Il a peur du progrès, habitué qu'il est à un formalisme bien agencé qui ne fatigue pas l'esprit.

Dans ses rangs, la patrie compte, la Champagne surtout en fait foi, des fils dévoués. Dégagé de l'influence de Rome, tout entier au pays, dont il respecterait les idées et les lois sans arrière-pensée, il aurait une autorité grande et féconde.

On a dit que, pour la plupart, la vocation est douteuse, qu'ils « sont appelés par le besoin et consacrés par la routine (1). » Eh ! qu'importe pour nous leur mobile, si leur action est bienfaisante ? Qu'importe encore que leur bagage littéraire et scientifique soit mince ? Avec l'ignorance générale et la position qui leur est faite, il importe aujourd'hui de ne juger que relativement.

(1) M. U. (?)

Leurs services peuvent être plus grands s'ils se dé-
cident à secouer la tutelle inexorable qui les presse,
et à ne prendre leur mandat que des citoyens rame-
nés « à la sainte discipline des élections, » que l'avocat général Talon regrettait publiquement en 1625 (1),
et que la Révolution française a voulu relever.

Ils appartiennent au peuple; s'ils lui restent fidèles, qui leur refuserait la considération ou des
ménagements?

Le modeste prêtre, le missionnaire vaillant qui se
sacrifie à l'idée, les « sœurs » qui donnent à l'humanité leur propre vie, sont donc acceptés, estimés,
ou aimés parce qu'ils portent en eux l'âme du Christ.
Dans les troubles politiques, les défenseurs ne leur
feraient pas défaut.

XII. Il n'en est pas de même du haut clergé, dans
son ensemble; le peuple lui reproche avec amertume
son dédain ou sa haine des idées démocratiques que
notre société a proclamées; et sa douteuse humilité
qui cache, croit-il, l'orgueil et l'ambition des vieilles
castes sacerdotales. Il est si docile aux ordres de
Rome, qu'il les transmet à l'Eglise de France, sans
protestation qui rassure la dignité nationale, et avec
une fougue, avec des menaces, compromettantes même
pour la sécurité nationale. Il veut entièrement, pour
la papauté, diriger l'opinion religieuse et avec elle
l'opinion politique.

(1) H. Martin, IX 39.

Massillon a écrit : « L'infaillibilité des papes, leur
suprématie au-dessus des conciles, leur pouvoir de
déposer les souverains, sont des opinions qui renversent le fond et toute la majesté de la hiérarchie
et de plus toute la sûreté des sociétés civiles. Il m'a
toujours semblé qu'un évêque français n'en devait
pas parler ; mais les maximes s'affaiblissent tous
les jours, sous la plume de plusieurs de nos écrivains,
soit par la reconnaissance des faveurs qu'ils ont
obtenues de la cour de Rome, soit par l'espérance de
les obtenir. »

Voilà des paroles graves, bien dignes de la médita-
tion, quand on se reporte à cette campagne épisco-
pale qui a effrryé le patriotisme.

Tout en rejetant les pamphlets ignobles, objet de
mépris pour les honnêtes gens, la défiance populaire
s'attache dans une certaine mesure à la haute Église,
qui ne regarde en réalité comme légitime que sa
propre autorité dans les affaires temporelles et spiri-
tuelles, et ne cède à la puissance séculière qu'en pro-
testant.

« Obéir à Dieu plutôt qu'aux hommes » est en vérité
une formule trop large pour être acceptée aujourd'hui
sans des corrections précises.

Qu'au milieu d'une société régulièrement constituée, un enfant naisse et, devenu homme, reçoive des
mains d'un chef étranger une consécration dite
sainte, devient-il tout à coup supérieur aux pouvoirs
directeurs de cette société, à laquelle il tient par sa
naissance, ses intérêts et surtout ses devoirs? Mais

les philosophes, par la nature même de leurs études, auraient le même droit! Que devient alors cette discipline, sans laquelle un peuple s'agite tumultueusement et ne tarde pas à périr? Ah! la promesse de soumission aux lois est divinement supérieure au serment particulier d'une association étrangère, fût-elle religieuse!

Le peuple redoute sa ténacité hautaine, son avidité du pouvoir pour venger à sa manière la divinité et opprimer la pensée, et surtout son zèle intolérant, qui poursuit jusque sur un lit de mort la raison défaillante. Il ne veut plus, avec une exagération difficile à combattre, reconnaître en elle, sous ses préoccupations politiques, l'esprit du Christ, appelant à lui pour les ranimer « tous ceux qui sont haletants sous le travail, » et dont la seule doctrine était l'amour de Dieu et l'amour du prochain, la condamnation des concussions, des exactions et des violences (1).

A-t-il tort, dans sa franche brutalité, de se persuader que pour elle la domination justifie presque tous les moyens? Il déteste les divisions, les distinctions et les restrictions . il va droit à l'idée grande et simple, à la vérité.

Mais sa probité est assez forte pour l'arrêter, s'il était jamais tenté de se mettre à la suite de pamphlétaires, toujours disposés à trouver dans l'Évangile (2) des allusions cruelles. Et de fait l'injustice serait évi-

----

(1) Saint Luc, ch. III.
(2) Saint Mathieu, ch. XXIII.

dente : car il faut reconnaître que le haut clergé, quelque commode que soit son existence, ne se fait pas remarquer en notre siècle par un faste insolent, s'il ne sait pas toujours contenir une certaine arro. gance dans la foi, qui tend à courber tout et tous.

Cette défiance sourde est, sans grand souci il est vrai de la liberté, plus marquée encore à l'égard des communautés religieuses dont il conteste violemment l'utilité et dont la fortune lui est suspecte ; la bourgeoisie elle-même, malgré sa prudence traditionnelle, est ostensiblement peu éloignée de ce sentiment, dont son éducation tempère naturellement l'expression.

XIII. L'Internationale noire, suivant le mot du parti radical, éveille quelque soupçon, quelque crainte par cette organisation, qu'on veut croire assez puissante pour être tentée de relever une monarchie cléricale aux dépens des libertés publiques.

Les évêques montrent une assurance entière. Certes, ils n'oseraient plus, comme l'archevêque de Toulouse, en 1816, demander le retour de l'Église à sa situation passée ; mais s'ils ne peuvent plus réclamer le serment royal d'exterminer les hérétiques, serment que prêta Louis XVI lui-même, non toutefois sans se troubler, ils attaquent avec une incroyable persistance les institutions civiles, et volontiers ils écarteraient des emplois israélites, protestants et déistes ; plus volontiers encore ils réclameraient — comme dans les Cahiers de 89 — l'institution de comités ecclésias-

tiques pour dénoncer à la justice les ouvrages opposés
à l'Église, car c'est toujours le même esprit qui dic-
tait ces paroles : « S'il y a une chose sûre dans le
monde, c'est que ce n'est point à la science qu'il appartient de conduire les hommes.... pourquoi a-t-on
commis l'imprudence d'accorder la parole à tout le
monde (1) ? »

Il n'y a pas si longtemps que Proudhon écrivait :
« Sait-on que l'intolérance du clergé est telle que l'on
parle partout d'une seconde révocation de l'édit de
Nantes (2)? »

Qui sait même s'ils n'iraient pas comme en 1824
jusqu'à la loi du sacrilége? On doit se rappeler aussi
comme la papauté protesta contre la loi du 18 ger-
minal an X, qui organisa les cultes en leur imposant
une réciproque tolérance.

Les évêques aspirent hautement, non à partager
l'enseignement, mais à l'accaparer; à imposer à la
société leurs doctrines sur la ruine des institutions
modernes, et à la dominer autant que possible par
l'administration ét l'armée, au nom d'un chef qui par
l'infaillibilité a érigé l'orgueil des jésuites en article
de foi.

Par l'armée surtout! Ils ont réussi à organiser de
nouveau l'aumônerie militaire, et comptent en faire
un puissant élément d'influence. Malgré des déclara-

---

(1) *Soirées de Saint-Pétersbourg*, II, 131.

(2) *Proudhon*, par Sainte-Beuve, p. 315.

tions contraires, il y a dans ce triomphe momentané l'indice d'une activité qui n'est jamais lassée.

On a dit : les intérêts de la religion avant tout ! Désormais dans les régiments, que de positions fausses, que de susceptibilités inquiètes, et peut-être que de calculs, contraires à la traditionnelle loyauté du soldat !

XIV. En face d'une situation si délicate, qui n'a pas reporté son souvenir sur la constitution civile de 1790 ? Elle donnait à la France, par l'élection, une Église libre et vraiment nationale !

L'État, chargé de salarier l'Église, association formée en vue d'un service public, a le droit d'en changer l'organisation et la discipline, lorsqu'il juge ce changement nécessaire au salut public. Toute protestation ne prouverait qu'une passion imprudente, et pourrait rappeler cette audace calviniste que Richelieu abattit au nom de la raison politique.

L'Église sait bien qu'elle dut sa résurrection en 1801, un peu à des calculs ambitieux, mais beaucoup, je crois, à la pression du sentiment public : elle doit le ménager ; le heurter serait d'une politique hardie, mais peu sage.

Il est vrai que le clergé de France se croit lié encore par le point d'honneur à la papauté, chaque jour plus faible : mais en dehors de cette considération honorable, il ne paraît pas avoir, plus que l'aristocratie dont il se rapproche, une notion exacte du sentiment populaire.

Les antipathies du peuple sont souvent exagérées ou injustes : mais le catholicisme a par une très-longue domination assumé une lourde responsabilité : il n'a pas su toujours contenir le fanatisme, et s'inspirer des douces leçons du maître, dont le royaume n'était pas de ce monde.

L'Église suivrait une voie de perdition si elle voulait redevenir une Église de combat, si elle substituait l'action à la contemplation et à la prière : qu'elle impose plutôt par sa réserve à ces passions, qui se sont traduites dans un moment d'odieuse licence par la persécution.

Il appartient aussi aux hommes éclairés de tous les partis d'opposer aux sentiment violents cette autorité que donnent la conviction, l'esprit de tolérance et le patriotisme.

Tout ce qui tient au catholicisme devrait sentir l'embarras de cette situation si difficile à préciser : je répète que l'adoption de l'idée libérale apaiserait absolument les esprits. Le système des traditions s'oppose-t-il donc à une transaction rationnelle ?

La logique extrême, implacable, ne pourrait qu'entraîner le grand navire vers les rochers.

Une remarque importante que fait Sainte-Beuve (1), c'est que M. de Montalembert, vers 1836, était frappé des pertes graduelles, croissantes de la foi catholique, et croyait qu'il fallait en dénoncer toute l'étendue, en

_____

(1) *Lundis*, I, 84.

épurant la véritable armée des catholiques. Quelle ne serait pas aujourd'hui son inquiétude?

Un évêque, dit-on, s'est écrié franchement : Nous n'avons plus que les femmes et les vieillards. Le clergé ne le constate pas sans impatience et sans dépit.

Les Françaises, naturellement, resteront longtemps, toujours peut-être, acquises au catholicisme. Leur sensibilité est profondément remuée par ce grand drame de — Bethléem au Golgotha ; — elle se prête bien à ces images de maternité divine, de souffrances terrestres, de triomphes célestes... Leur imagination aussi est vivement impressionnée par ces pratiques mélancoliques et douces qui satisfont l'âme sans effort. Puis les fleurs, les ornements, les lumières, si habilement distribués, amusent leur attention : elles trouvent, par la vierge et les saints, une fête continuelle qui, dans la province, les attachent presque exclusivement.

Des hommes intolérants, sans poésie, ont crié outre mesure contre certaine apothéose : mais les dames romaines ne s'adressaient-elles pas aussi de préférence à une déesse, à Junon, dont la statuette ornait leur appartement (1) ? Il y a là l'expression éternelle d'un sentiment contre lequel la raison ne doit pas se montrer trop sévère, mais dont elle doit contenir l'exagération maladive.

Elle serait grave l'erreur de ces pasteurs, qui,

(1) V. Juvénal, satire II, note.

étrangers par ignorance ou passion à l'intime pensée
des peuples, voudraient mettre leur volonté au-dessus
de la raison universelle, au risque d'entraîner dans
leur chute orgueilleuse des esprits honnêtes et simples, des idées respectables.

Quand Fénelon, en 1685, dénonçait « le bruit sourd
d'impiété qui frappait ses oreilles », il s'empressait
de la combattre avec toutes ses forces, c'est-à-dire,
avec tout son cœur ! Ses armes furent le dévouement
et « la douceur de la plus indulgente vertu. » (Villemain.)

L'exemple est illustre.

Que le haut clergé prenne donc garde : l'impiété
n'est plus comme en 1716, au temps de Massillon,
« un air de distinction et de gloire » ; elle est aujour-
d'hui généralement sérieuse et froide, par conséquent
résolue et dangereuse.

C'est à lui d'aviser, s'il ne veut en France aider lui-
même à « l'œuvre d'impiété » qu'ont déjà commencée
les événements religieux en Italie, en Suisse et en
Allemagne. C'est aux inspirateurs de la papauté à
ménager la conscience moderne, toujours plus généreuse, plus fière, plus avide de liberté, que l'impulsion d'un homme de talent pourrait un jour conduire
aux grandes déterminations.

Cet homme, certes, ne changerait plus, comme
Henri VIII, par sa seule volonté, la croyance de tout
un peuple ; mais aujourd'hui, la force de l'opinion
libérale est plus grande que la puissance royale et
pourrait lui permettre une révolution sérieuse, en

réglant le nouvel élan de l'esprit national vers la liberté.

XV. Si vraiment, comme les peuples le croient, ce sont les Jésuites [société, disait du Bellay, née pour la ruine plutôt que pour l'édification (1)], qui dirigent la papauté, et doivent la diriger encore, son sort est gravement compromis; « car, dit M. Guizot (2), dont l'autorité ne peut être suspecte à Rome, jetez un coup d'œil sur leur histoire : ils ont échoué partout où ils sont intervenus avec quelque étendue, ils ont porté malheur à la cause dont ils se sont mêlés. En Angleterre, ils ont perdu des rois; en Espagne, des peuples. Le cours général des événements, le développement de la civilisation moderne, la liberté de l'esprit humain, toutes ces forces, contre lesquelles les Jésuites étaient appelés à lutter, se sont dressées contre eux, et les ont vaincus. »

L'esprit jésuitique est le plus terrible ennemi de l'Église : qu'elle cesse donc de s'en appliquer indirectement la trop fameuse formule, si elle veut vivre dans l'avenir : qu'elle se ramène d'elle-même dans les lignes de la pensée pure, sans attendre d'autres avertissements de l'opinion publique.

Qu'elle évite, par dessus tout, de recourir aux secours suspects d'une pression officielle, qui, en blessant le sentiment public, n'aurait jamais un effet

---

(1) *Civilisation en Europe*, 347.
(2) Villemain. *Vie de L'Hôpital*, p. 70.

durable. Ce système, d'ailleurs, propagerait l'hypocrisie et la haine.

On ne ramènera pas plus au catholicisme le peuple, surtout celui des villes, par une intervention politique et des prières officielles, que l'ingérence policière ne l'éloignera de manifestations stériles, odieuses logiquement au citoyen, qui hait l'éclat dans les questions de sentiment et qui voit à tort ou à raison dans les enterrements civils et les pèlerinages une œuvre de parti.

Pour les enterrements civils, — je ne parle que de ceux qui sont secrètement organisés, — c'est tout simplement combattre les processions par des processions contraires : abus des deux parts.

Dans cette question, je trouve l'émotion du gouvernement exagérée ; celle de l'Église, au contraire, toute naturelle. Mais après avoir refusé si longtemps, et avec raison, ses prières à ceux qui mouraient hors de son sein, voudrait-elle donc en venir, par une contradiction nouvelle, à les imposer ? Diminuerait-il assez pour l'effrayer, le nombre de ceux pour qui Proudhon disait, dans un accès de mauvaise humeur : « L'incrédulité voluptueuse de nos philosophes nous amuse, mais ne nous empêche pas, fanfarons d'impiété, de prendre au dernier moment nos passeports. Confesse-toi toujours, on ne sait pas ce qui peut arriver : voilà notre dernier mot au lit des mourants (1).» Le philosophe ne pourrait que s'applaudir

(1) *Confessions*, P. s. p. 301.

d'un progrès tout à l'honneur des caractères.

XVI. Que veut donc l'o, nion, sinon la simplicité du culte, l'abandon des faus: s traditions et des formes étrangères, enfin une réserve absolue dans les rapports de l'Église et de l'État.

Elle attaque sourdement la confession, cette institution sur laquelle le clergé compte surtout pour le maintien de son crédit, et qui lui donne un si puissant moyen de combattre la société civile.

Cependant la défiance populaire en a un peu affaibli la puissance.

Son sort est intimement lié à celui du célibat religieux, qui doit aussi disparaître. A vrai dire, malgré la répugnance qu'inspire généralement au père de famille cette facilité de surveillance sur sa conduite et ses intérêts, malgré même des confidences qui prouvent que la confession permet à des natures perverses de jeter dans les imaginations le trouble avec une science mauvaise, malgré la conviction que la suppression du célibat religieux doit servir incontestablement la morale, l'opinion ne se décide pas encore hautement à consacrer le fait : elle cède malgré elle aux vieux préjugés. Quelques-uns même croient que la confession est une digue contre le mal, tandis qu'elle n'est qu'un mode d'épuration, bon surtout pour les consciences faciles. Je sais qu'il y a quelque grandeur à verser son âme dans celle d'un vieillard et à lui demander un pardon, au nom de Dieu. Mais c'est que le vieillard est dépouillé des passions humaines, et son âge est une majesté qui interdit à la pensée de basses considérations. Le génie de P.-L. Courier a vivement éclairé cette étrange question : je ne veux pas y insister (1).

Cette institution a rendu dans les premiers siècles des services incontestables : elle imposait réellement alors une espèce de trève de Dieu au vice et à la violence. Aujourd'hui l'enseignement devrait suffire avec la sincère aspiration vers Dieu.

Elle est incontestablement devenue un objet de suspicion.

Pour la papauté, le célibat, en torturant la nature, garantit plus sûrement le maintien de la discipline, et par la discipline une grande influence dans le monde. La famille avec ses devoirs et ses tendresses ne peut que diminuer ou détourner ce dévouement spécial.

La prohibition absolue du mariage des prêtres ne date que du XIIe siècle : c'est une règle de politique ecclésiastique qui n'est sanctionnée par aucune loi française, et n'a été résolue que pour confisquer les volontés au profit de la cour de Rome. Elle n'intéresse donc en rien l'honneur de la religion : « Discipline barbare, disait Mirabeau (2), que le gouvernement n'a pas le plus léger intérêt à soutenir, qu'il a même intérêt à combattre. »

Le clergé a-t-il besoin de tant d'influence, au nom

(1) V. P.-L. Courier. *Deuxième réponse aux anonymes.*
(2) *Révolution,* Quinet, I, 151.

de la religion ? Veut-il encore amasser des richesses pour exciter, comme aux siècles précédents, d'ardentes convoitises ?

Une vie honorable et discrète, la pratique bien accentuée des vertus chrétiennes persuadent naturellement les cœurs : il n'est pas de rôle plus noble et qui assure mieux le respect que celui de proclamer Dieu avec simplicité.

Les pasteurs protestants, mariés, attachés sans restriction mentale à leur patrie comme à leurs devoirs spéciaux, ne sont-ils pas assurés de l'estime et du respect de tous ? Leur autorité n'est-elle pas active et efficace ? Bien des catholiques, dont la piété n'affaiblit pas la raison, sont frappés de la dignité de cette haute vie.

« On ne sert pas Dieu, a dit Schiller, en délaissant l'ordre de la nature. »

Silvio Pellico (1), parlant des devoirs des hommes, tombait dans le sophisme, quand il s'exprimait ainsi sur le célibat, sans doute déterminé par la pensée du célibat religieux : « Cet état a ses avantages.... les hommes d'une faconde véhémente cherchent à tourner l'attention des autres sur les scandales donnés par beaucoup de célibataires et s'écrient que le célibat est contre nature, que c'est une énorme calamité, qu'il est la cause la plus puissante de la dégradation des peuples.... Ne vous laissez pas exalter par ces hyperboles. Le célibat n'offre que trop de scandales ; mais de

(1) *Devoirs des hommes*, p. 316.

ce que les hommes ont des bras et des jambes, et qu'il
en résulte quelquefois le scandale des coups de poing
et des coups de pied, cela veut-il dire que les bras et
les jambes sont la chose la plus pernicieuse. Que ceux
qui s'éventuent à démontrer que l'immoralité est la
conséquence nécessaire du célibat daignent calculer
d'un autre côté les maux qui dérivent des mariages
décidés sans inclination. »

Pourquoi l'église de France ne chercherait-elle pas
dans de telles solutions la rénovation et la grandeur ?

Notre clergé peut-être ne se sent pas assez de force
pour dominer des scrupules traditionnels et fouler aux
pieds un triste préjugé.

En attendant, rien de mieux qu'il dérobe par une
prudence quelquefois excessive, mais honorable, à la
connaissance du peuple , des fautes ou des crimes
qui sont inévitables dans toute organisation humaine.
La moralité publique est plutôt sauvegardée qu'atteinte par ce travail sourd auquel il est condamné et
qui consiste à dévorer silencieusement sa lie, mais je
crois que certaines défaillances témoignent trop de la
fâcheuse influence du célibat : la situation n'est plus
franche, et pour des hommes qui tendent *ex professo*
au perfectionnement moral, une institution doit être
immédiatement améliorée quand elle est mauvaise.
L'intérêt vital de l'église est de ne pas même être
soupçonnée.

XVII. Il faut à l'opinion des hommes éclairés, dévoués, qui la dirigent, qui, par le haut enseignement

du devoir, arrêtent les capitulations de conscience et se fassent les interprètes autorisés de cette doctrine nouvelle, la solidarité, en la précisant d'une manière pratique, efficace. Si les prêtres catholiques étaient moins étrangers à la société, s'ils étaient plus fermement préparés à la conciliation, il y aurait certainement pour eux encore place à cette direction. Leur influence alors exclusivement morale pourrait vaincre l'indifférence, l'égoïsme et la haine, en remplaçant par un sentiment plus correct une instabilité religieuse, qui est incontestablement pour la patrie un élément de décadence. Mais comment guider la famille et la société, sans les connaître autrement que par l'étude spéculative?

La France trouvera-t-elle enfin sa voie? Elle est en proie à des aspirations vagues qui ne laissent point complétement les âmes en repos.

Je trouverais presque le sens de la situation dans une pensée de M. Quinet (1) : « Quand la vérité apparut dans les écoles, elle dégoûta le peuple de ses idolâtries. Il comprit assez la vérité pour sentir ce qu'il y avait de faux dans les croyances et ne tarda pas à les abandonner.... Mais la plupart des hommes qui s'étaient dégoûtés de leur ancien culte ne purent s'élever à la région pure des idées. Ils se trouvèrent privés de religion, sans avoir appris aucune philosophie, ce qui est la pire condition où l'homme se puisse imaginer. »

(1) *Rév. française*, I, p. 129.

Le catholicisme immobile en son orgueil n'oserait pas risquer son existence plutôt que de céder aux aspirations nouvelles! Il a subi de rudes assauts en tous les temps ; mais il a aujourd'hui, en face de lui, la masse qui, dans toutes les nations à la fois semble obéir, plus ou moins, au même sentiment. Est-il bien « ce rocher que les flots ne renversent point, cette montagne que rien ne peut abattre ? » Question redoutable pour tous ceux qui tiennent à la cohésion des forces morales!

XVIII. Les Français ne sont pas très-frappés de la grande formule de Cavour: « l'Église libre dans l'État libre » ; elle est encore retenue au second plan. Turgot avait déjà demandé, pour la France, la séparation complète de la société civile et de la société religieuse : il ne fut point compris, trop d'intérêts s'opposaient d'ailleurs à cette tentative. La constitution de l'an III fit bien cette révolution religieuse et politique, en décrétant que « nul ne peut être empêché d'exercer, en se conformant aux lois, le culte qu'il a choisi; nul ne peut être forcé de contribuer aux dépenses d'aucun culte; la République n'en salarie aucun. » Mais le concordat, signé le 15 juillet 1801, ratifié à Rome le 15 août suivant, mit fin malheureusement à cet essai si rationnel.

Aujourd'hui, nos mœurs et nos institutions politiques, qui comportent véritablement moins l'idée effective que le mot de liberté, se prêtent-elles à cette solennelle séparation ?

La reconnaissance de l'Église libre entraînerait logiquement un mouvement considérable dans l'ordre législatif, qui ne serait pas sans danger. L'école protestante libérale ou rationaliste, qui s'est récemment séparée de l'Eglise orthodoxe, offre bien de ce principe une intéressante application. Cette petite Eglise est en possession d'elle-même, fonctionne régulièrement et se suffit ; mais, malgré la réputation de son chef, elle est trop limitée pour que son exemple puisse fonder une conviction assurée à l'égard de la vaste association catholique.

Je suppose que le catholicisme soit rendu à lui-même : il serait indispensable non-seulement de donner une égale liberté aux autres cultes, mais encore d'armer la société civile, afin qu'elle pût se défendre contre des revendications ou empiétements futurs.

Il me semble que c'est le président de la Confédération helvétique qui a exprimé l'idée la plus large et la plus vraie, lorsqu'il a dit : « La formule de Cavour suppose une église reconnue par l'Etat ; ce que nous devrions proclamer, c'est la conscience libre dans l'Etat libre, c'est le développement du sentiment religieux individuel, garanti par la nation, autorité neutre, qui, précisément parce qu'elle n'a pas de budget des cultes, et qu'elle ne nomme pas de clergé, peut faire respecter la paix confessionnelle et les droits individuels au milieu des différentes congrégations religieuses. »

L'avénement d'un nouveau pape déterminerait peut-être un important mouvement en France : mais la pensée générale évite, avec une délicatesse naturelle, de s'y arrêter.

Les efforts de la Prusse pour fonder l'église nationale sont surtout suivis avec attention, mais la France ne peut que gagner maintenant à observer et à laisser faire. Qu'elle n'oublie pas, au milieu de ses réflexions, que l'influence de l'Église sur l'ordre politique fut surtout fâcheuse, par les luttes continuelles auxquelles elle l'obligea, depuis saint Louis, forcé de combattre les exactions de la cour de Rome; depuis Philippe-le-Bel, trouvant dans Boniface VIII un mortel adversaire, alors qu'il réclamait la maltôte (1), non-seulement du peuple, mais encore du clergé (si riche déjà), pour défendre le royaume contre Edouard d'Angleterre ; depuis Charles VII, obligé d'enlever au pape, par sa pragmatique sanction de Bourges, la nomination des évêques, pour écarter de l'Eglise de France des partisans de l'Angleterre, comme le fameux Cauchon, de Beauvais, juge et bourreau de Jeanne-d'Arc ; depuis François Ier, reprenant pour quelque temps sur Léon X, par le concordat de 1516, la jouissance des revenus pendant la vacance des siéges ; jusqu'à la grande guerre de l'Eglise et de l'Etat de 1790 à 1801 , et jusqu'à la Révolution de 1830.

Son intérêt est de l'isoler et d'arrêter son action, directe ou indirecte.

_____

(1) Impôt, juste ou injuste, mais dont nul ne devait être exempt.

Il est peut-être regrettable que le protestantisme, orthodoxe ou rationaliste, ne soit pas plus répandu parmi nous : il imprimerait certainement aux esprits français un mouvement plus énergique et plus libéral. Puis, un tel voisinage, par l'émulation qui en résulte, ne pourrait qu'assouplir le système catholique, dans l'intérêt de la paix publique.

Si la révolution religieuse qui agite la Suisse, l'Allemagne, l'Autriche, doit gagner décidément la France, puisse-t-elle s'y développer, sans tristes violences, d'après les inspirations seules de la raison et du patriotisme !

Tout royaume divisé contre lui-
même sera désolé, et toute maison
divisée tombera sur elle-même.

Saint Luc, ch. XI.

La préférence de l'intérêt général
au personnel est la seule définition
qui soit digne de la vertu et qui
doive en fixer l'idée.

Vauvenargues.

IDÉE POLITIQUE

I. Toutes les nations ont connu et apprécié à leur juste valeur les intrigues d'un parti dont le but était la restauration immédiate du trône au profit de « l'homme du droit divin » : la France était pour ainsi dire sommée de s'incliner avec reconnaissance devant le descendant d'un guerrier, autrefois élevé sur le pavois. Belle raison ! mais insuffisante pour régner au XIXᵉ siècle, quand l'opinion ne reconnaît plus pour le commandement d'autre titre que le talent personnel ! Il est vrai que de bonnes âmes s'en contentaient, quelques-unes avec l'espérance de revoir les temps où il était si bon de « recevoir, prendre et demander. »

L'Italie a eu le droit de s'en émouvoir : elle sait quelle haine nourrit contre elle la minorité qui s'était rattachée à cette combinaison : haine implacable, dont l'imprudente manifestation attira même sur la France une méfiance presque légitime.

Aujourd'hui, malgré l'écroulement que je crois définitif, d'un projet si mauvais pour la tranquillité du pays, malgré la fondation d'un pouvoir septennal, qui « a puisé dans la volonté de l'Assemblée un droit et des devoirs supérieurs », l'opinion reste encore indécise.

L'influence gouvernementale est aux mains d'un parti qui est resté dangereux par les positions conquises ou surprises et qui cherche partout des renforts contre la majorité vraie.

Notre histoire depuis quatre-vingts ans offre des exemples de tentatives ambitieuses dont la nation à tort ou à raison redoute le retour. Elle a besoin d'être rassurée, aussi bien contre les réserves mentales que contre les audaces, par des déclarations catégoriques et par des précautions sévères contre les conspirations, de quelque parti qu'elles sortent (1).

Le patriotisme, aussi bien que la loi du 20 novembre 1873, nous lie au septennat; mais il faut qu'il se montre assez ferme pour prévenir au besoin prairial, ou vendémiaire.

II. Il est inquiétant pour les patriotes, dont les années 1870 et 1871 attristent la pensée, de voir des divisions si ardentes au sein d'une Assemblée, élue principalement pour procéder à la liquidation de nos désastres, pour arrêter la désorganisation, pour donner aux affaires une nouvelle impulsion, pour réunir enfin les éléments épars de la puissance nationale.

A peine constituée, cette Assemblée parut devoir

---

(1) Une circulaire aux procureurs généraux est venue depuis donner un commencement de satisfaction dont il convient de tenir bon compte.

être à la hauteur de cette grande tâche : ses premiers travaux témoignent de son patriotisme.

Après avoir, le 1er mars 1871, prononcé la déchéance de Napoléon III, qu'elle déclarait responsable des désastres de la guerre et du démembrement de la France, elle se livra entièrement à l'œuvre de relèvement : beaucoup faisaient alors, je crois, sincèrement le sacrifice de leurs préférences politiques. Il avait peu importé au peuple français que cette réunion comprît des royalistes, quelques impérialistes et des républicains : sa seule préoccupation avait été de choisir des hommes recommandables par leur honnêteté et leur expérience présumée : il était donc naturel que l'Assemblée répondît loyalement à sa pensée, en substituant au passé monarchique le gouvernement impersonnel et national.

Pendant l'année 1871, les affaires occupèrent exclusivement l'Assemblée : par la défaite de la Commune elle contribua à restaurer l'ordre et à sauver l'avenir de la France.

Dès 1872, l'esprit de faction se fit jour : on signala, mais sans que l'opinion y attachât une réelle importance, un travail souterrain pour ranimer des puissances éteintes.

III. Un amour-propre excessif et une agitation inquiète, que les gouvernants devraient toujours vaincre, quand ils sont dignes de commander, déterminèrent le mouvement en lui donnant une apparence de raison.

M. Thiers, accusé par un blasphème d'aider au triomphe légal du radicalisme, disparut; et sa chute, à l'honneur du système républicain, n'amena ni trouble, ni révolte sanglante. Il y eut du moins dans cette retraite si simple une consolation pour la France, qui put se convaincre que la succession du pouvoir n'est pas l'écueil redoutable où en état de république la société doive périr.

Son activité avait été quelquefois excessive : ne se sentant pas assez de force d'inertie pour être un soliveau, il avait voulu, par une faute contraire, régner, gouverner et parler.

Il emporta des regrets presque unanimes : c'est qu'il avait fait battre tous les cœurs, surtout par son message de 1872; la France avait hautement applaudi à son travail de fusion des opinions et à ses projets de pacification intérieure; elle avait surtout tressailli d'aise, lorsque, dans le noble but de répondre à la pensée intime du pays et de mettre fin à un malaise moral, il avait ainsi invoqué la Révolution de 89! « Elle a été faite, pour qu'il n'y eût plus de classes, pour qu'il n'y eût dans la nation que la nation elle-même, la nation une, vivant tout entière sous une même loi, supportant les mêmes charges, jouissant des mêmes avantages, et où chacun, en un mot, fût récompensé ou puni suivant ses œuvres. En agissant ainsi, la révolution de 89 a établi sur la base de la véritable justice sociale l'existence de tous. »

Le pouvoir passa donc à une coalition hardie qui,

découvrant ses batteries avec éclat, s'avança contre la nation à la réalisation de ses espérances.

Les membres de cette coalition ne tardèrent pas à se serrer jusqu'à s'étouffer : le parti légitimiste se dégagea peu à peu, et continua la lutte pour lui seul.

C'est devant la protestation générale qu'il dut reculer, autant que par l'impossibilité d'obtenir du comte de Chambord la reconnaissance des idées modernes.

Le pays s'est étonné du grand nombre des agitateurs légitimistes de la Chambre, qui ne s'appuient pourtant pas sur la quinzième partie des électeurs : comme il n'entend plus que la volonté d'un seul homme « doive, comme dirait Henri IV, servir de raison », il manifesta ses sentiments par une opposition énergique et suivie.

C'est le propre de pareilles situations de pousser les citoyens modérés à des votes de plus en plus accentués dans le sens révolutionnaire, et de fausser la note politique.

L'exploitation de la terreur par les images exagérées du radicalisme a cessé de produire son effet antique et solennel sur la classe moyenne ; elle a pu en entrevoir la vraie signification, et d'abord elle s'est tournée vers la République, soutenue par des hommes d'un talent vrai et d'un patriotisme incontesté. Il serait consolant de voir dans ce sentiment le prélude d'un rapprochement de la bourgeoisie et du prolétariat, pour une défense commune.

Cette agitation monarchique, que des esprits exaltés

seuls peuvent songer à entretenir, a donc eu pour effet de surexciter des citoyens même en grand nombre, qui se sont laissé emporter, plus encore par la force des événements que par leurs naturelles tendances.

Dans cette conjoncture grave, il est bon de dire que le parti radical a montré une réserve presque inespérée, qui lui fait honneur : il a su nettement sacrifier au salut de la République une partie de ses violences.

Plaise à Dieu qu'il ne retombe pas dans des exagérations politiques qui ne nuisent que trop à la cause commune !

IV. Depuis deux ans, il s'est organisé parmi nous une opinion, éclairée et honnête, destinée par sa force croissante à contenir effectivement et sans faiblesse les extrêmes, à dominer la situation : elle a son drapeau dans le centre gauche, et comporte avec les convictions républicaines l'esprit d'examen et de modération. Elle cherche à concilier avec le présent les traditions honorables du passé, qu'un peuple ne saurait renier sans imprudence.

Une partie de la presse la proclame condamnée d'avance à l'impuissance par sa modération éclectique, comme si la modération était une preuve de faiblesse dans l'esprit ou le caractère.

Loin de nous naturellement l'idée d'un centre qui manœuvre dans une assemblée comme un homme ivre.

Cette opinion vaincra certainement dans les grandes

élections, à la dissolution de la Chambre, comme elle a déjà vaincu dans les conseils généraux : seule elle arrêtera par sa victoire ces luttes intestines qui dévorent le temps et les ressources de la France.

C'est sur elle qu'un gouvernement devra s'appuyer s'il tient, comme c'est son devoir, à ne pas heurter la pensée générale.

Le génie de la France est libéral : un Philippe II avec son implacable ténacité ne le changerait pas. La révolution est si bien entrée dans le sang, qu'on ne pourrait en supprimer les effets qu'avec la nation elle-même ; on a dit il y a longtemps que la France était « centre gauche » : jamais mot ne fut plus actuel, jamais l'idée qu'il exprime ne pénétra plus profondément dans les esprits et n'anima mieux ses représentants.

V. Quand la Commune fut abattue, les affaires sortirent fiévreusement d'une crise si longue ; elles reçurent de la confiance renaissante et de l'activité nationale une impulsion extraordinairement énergique, et je ne crois pas énoncer un paradoxe en disant que la Commune avait fait plus de bien que de mal au crédit général ; on avait pu voir quelle était la vitalité d'une nation, résistant sans périr à une secousse si terrible. Tous les Français envisageaient donc avec fermeté la voie nouvelle où devaient s'engager du même pas le gouvernement et le peuple. L'esprit de sacrifice s'était emparé des âmes, qu'exaltait encore l'espérance d'une prompte réparation.

Un coup de politique intérieure a suffi pour arrêter ce nouvel élan : le 24 mai surprit et attrista la minorité de la Chambre, la majorité du pays.

La défiance reparut devant la volonté réelle des vainqueurs de revenir encore à la monarchie et de rendre à l'Église son influence, pour abattre par tous les moyens l'idée libérale. L'affirmation du pouvoir aux mains du maréchal de Mac-Mahon parviendra-t-elle à conjurer cette défaillance dans l'ordre commercial et industriel? Pas de sitôt, je le crains. Les peuples croient difficilement au repos d'hommes qui échouent dans une entreprise audacieuse, et qui après la défaite savent garder leurs positions premières.

Si l'on parlait à la France de dissolution de l'Assemblée, peut-être croirait-elle à l'abnégation des uns, à la sincérité des autres.

Mais l'opinion publique semble aujourd'hui dédaignée par des hommes dont le mandat était pourtant limité, et tout d'abord bien compris : elle a conscience de cette surprise d'un jour de malheur et sa voix devient plus grave, malgré la compression relative de la presse.

N'est-il donc point logique et honorable pour toute Assemblée de retremper ses pouvoirs dans le suffrage universel, lorsque les circonstances ont changé ou que le courant politique a pris manifestement une autre direction?

L'Assemblée constituante en a donné l'exemple en 1849 : le 27 mai, elle se retira devant l'assemblée législative, cédant enfin aux nombreuses pétitions qui étaient l'expression de l'opinion.

J'estime qu'aujourd'hui le désir de nouvelles élections est sincère et général : y répondre serait justice et non faiblesse. L'Assemblée de 1871, malgré des services réels, est devenue par ses longueurs et ses dissensions, par sa composition même dont on se rend un compte plus précis et qui représente bien les diverses opinions, mais dans une proportion inexacte, est devenue, dis-je, l'objet d'attaques nombreuses et persistantes : à Paris surtout, elle n'échappe pas à une animadversion évidente, sans que sa résolution, prudente à coup sûr, de se maintenir à Versailles, ait affecté sérieusement les susceptibilités parisiennes. Car ce fait est sans influence sur les intérêts économiques, et non sans importance pour la direction calme des intérêts politiques : l'attention publique s'est donc vite éloignée d'un sujet peu digne d'elle.

Mais l'Assemblée n'a plus paru prendre une part suffisante de cette ardeur de travail qui s'est emparée de la nation : il y a pour elle dans ce préjugé une cause de discrédit et d'impuissance.

Mais vraiment ses délibérations se succèdent-elles avec méthode et profit? Il suffirait du doute pour inquiéter et décourager.

VI. La France ne peut se relever que si chaque parti fait le sacrifice, à la vérité facile, de ses exagérations : est-il donc impossible de trouver des hommes instruits dont le patriotisme se dépouille d'aspirations accessoires et se consacre simplement aux affaires ? Elles réclament impérieusement leur activité, leur intelligence et leur devouement ! Quelle intrigue pourrait rendre de tels hommes sourds à la voix de la patrie ?

L'heure a sonné où les systèmes particuliers doivent enfin céder à l'œuvre du salut public. L'épargne est à reconstituer, la misère est pressante ! Et l'armée ? Et le trésor ? Que dire encore, quand la haine de peuples voisins nous soupçonne et nous enveloppe, quand la trahison peut-être s'agite ou veille à nos portes?

Chacun réclame la simplicité et le bon sens : la faveur de l'opinion ne doit appartenir, et déjà n'appartient qu'aux hommes de progrès dont l'esprit se distingue par la sincérité et la fermeté.

Le sentiment public est porté en avant : l'histoire prouverait aisément que tout gouvernement commet, en voulant le contenir, une faute assez grave pour compromettre son existence.

Lorsque, en 1789, la Révolution s'organisa, la Constituante, qui comptait tant d'hommes d'une instruction solide et d'une force politique réelle, quoique improvisé, signala les défauts et les vices de l'ancienne société : elle en poursuivit aussitôt la suppression sous la noble inspiration de la philosophie.

Cette rénovation ne put être froidement et méthodiquement complétée, en raison de l'égoïste résistance de la plupart des privilégiés ; cette résistance fut brisée, et la Constituante, transformant en articles de lois des maximes antiques, proclama comme principes de la société :

La souveraineté du peuple — la séparation des pouvoirs — le vote de l'impôt par les représentants de la nation — la liberté — l'égalité civile, qui comprend l'égale admissibilité aux places et emplois, l'égale répartition de l'impôt, l'égalité de peine à égalité de délit, l'absence de toute exception au droit commun — la responsabilité des agents du pouvoir exécutif — la liberté des cultes — la liberté de la presse — la liberté de l'industrie — le droit de réunion et de pétition — l'inviolabilité de la propriété.

Une œuvre si belle ne devait-elle pas s'imposer aux passions ? Elle subit de violentes atteintes ; l'ambition et l'intérêt, sans souci de l'avenir qu'elle assurait, s'y acharnèrent au moins pour la défigurer. C'est elle encore qu'il faut sauvegarder sans restrictions, car elle est l'honneur et le salut de la France.

Sous l'empire, la souveraineté du peuple ne fut qu'un vain mot : la liberté disparut. Il est vrai que la France, se laissant transformer en une armée immense, victorieuse, sembla de son plein gré, au moins jusqu'en 1808, accepter la gloire en échange des conquêtes de la révolution. Napoléon ne soumit jamais son ambition à l'opinion : au jour de la défaite, il sentit de quelle force son dédain l'avait privé. Il voulut s'incliner en 1815 devant sa puissance ; abandonné par elle, il tomba. « Et cependant, dit M. Thiers (1) en parlant de

_____

(1) *Consulat et Empire*, XIX, 488.

l'acte additionnel, jamais la liberté n'avait été plus complétement donnée à la France. »

Sous Louis XVIII et sous Charles X, si l'éloquence ne put être pacifiée, elle fut néanmoins impuissante ; le parti vainqueur, contrairement à des aspirations bien marquées, confisqua réellement la liberté de conscience, la liberté de la presse, celle de l'enseignement et supprima le droit de réunion ; pour l'égalité politique, le cens en avait raison.

La Révolution de 1830, la plus pure de toutes les révolutions, vengea la Constitution violée par une interprétation pharisaïque, et annula victorieusement les trop célèbres ordonnances.

Sous Louis-Philippe, les principes de 1789 ne redevinrent pas une vérité. C'est pendant ces dix-huit années que grâce au cens, quoique abaissé, la moralité des élections put être avec raison suspectée. Qu'importait la liberté à ce pouvoir, pourvu qu'il vécût ?

Un fait peut donner la mesure de cette politique, qui, de 1830 à 1848, fut sans conviction et sans grandeur. « La liberté de l'enseignement avait été promise par la Charte ; les évêques et plusieurs journaux, organes du parti religieux, la réclamaient au nom du droit des familles. Ils attaquaient aussi l'Université, dont l'esprit était dégagé de toute forme exclusive. Pour avoir l'appui du clergé dans les prochaines élections (1844), le cabinet avait présenté à la Chambre des pairs un projet de loi où les petits séminaires étaient érigés à la fois en écoles privées et publiques, tout en demeurant exempts des conditions communes.

En même temps il permettait aux Jésuites d'ouvrir des maisons d'éducation. Cette infraction à la législation existante fut dénoncée à la chambre par MM. Thiers et Dupin. Au lieu d'agir directement, le ministère envoya à Rome M. Rossi pour obtenir du saint-siége la clôture des établissements des jésuites (1)....

Les principes de 89 n'étaient pas en des mains sûres. Pour la presse particulièrement, l'invention de la « complicité morale » qui permettait d'incriminer les tendances de l'écrivain fut pour elle une menace odieuse qui la livrait à l'arbitraire.

Louis-Philippe voulait maintenir une Charte contraire aux vœux de la nation entière. Il se renferma dans le vieux texte, après avoir promis le progrès en 1846. Il repoussa l'égalité en refusant l'abolition au moins partielle du cens, et faussa la représentation en remplissant la Chambre de ses fonctionnaires.

Infidèle à ses promesses, sourd aux avertissements et aux appels de l'opinion, il tomba donc le 24 février 1848, sous les coups d'une révolution qu'un grand poëte n'avait pas craint de qualifier « la révolution du mépris, » et qui apparut, marquée d'un caractère étrange.

Le gouvernement provisoire se consacra tout entier au relèvement des libertés. Honnête, soucieux de l'honneur et du crédit de la France, inspiré par des sentiments vrais de patriotisme et d'humanité, il prit des mesures, odieuses seulement à l'égoïsme,

(1) Anquez. *Histoire de France,* 391.

pour fournir immédiatement de puissants secours au travail, à l'industrie, au commerce et réorganiser les forces militaires de la République.

VII. L'élection du 10 septembre 1848 livra le pouvoir à un homme, dont le nom était prestigieux, et qui semblait avoir racheté, par la captivité et des études sérieuses, deux tentatives insensées. Proclamé le 20 décembre Président de la République jusqu'au deuxième dimanche de mai 1852, il prêta le serment suivant : « En présence de Dieu et devant le peuple français, représenté par l'Assemblée nationale, je jure de rester fidèle à la République démocratique, une et indivisible, et de remp'ir tous les devoirs que m'impose la Constitution. »

La Constitution prohibait la rééligibilité du président, et lui interdisait de dissoudre l'Assemblée et de faire appel aux électeurs.

Le 2 septembre 1851, l'Assemblée fut dissoute par un coup d'État, et la France eut pour maître Louis Napoléon Bonaparte, dont l'ambition avait depuis 1849 très-habilement remué l'opinion et préparé l'Empire.

L'administration, on peut dire, le bon plaisir, eut la haute main sur la presse, toujours au nom de la sécurité sociale : la France connut l'état de siége : des députés, des citoyens en grand nombre furent incarcérés, déportés, ou bannis : la liberté fut étouffée.

De l'œuvre de 89 que pouvait-il rester ?

Je ne reprocherai pas à ce gouvernement le népotisme qui s'étala hardiment de 1852 à 1869 : tout gouvernement monarchique cède par nature à cette tendance, inséparable d'ailleurs de la faiblesse humaine. C'est à la République qu'il appartient d'en supprimer au moins l'abus.

Pendant dix-sept ans, le silence se fit : « la cour engouffra tout. »

L'Empereur essaya, mais en vain, de donner à l'opinion par des lettres et des projets retentissants une satisfaction durable.

Et qu'on n'accuse pas la moralité publique !

Le coup d'État du 2 décembre, malgré les apparences de l'assentiment national, pesa d'un poids énorme sur ce règne. En 1869, ce sont les élans de la conscience publique, aiguillonnée par le pamphlet, qui ont imposé à l'Empire cet essai de gouvernement libéral de 1870, avec le concours d'hommes qui étaient encore en possession d'une assez grande autorité : la situation resta mauvaise, la tyrannie, quoique peu à peu adoucie, l'avait trop compromise.

L'opinion ne craignit pas d'oublier les avances du prince, qui avait pris si résolûment, pour la flatter, la position de parvenu vis-à-vis de l'Europe (1), des travaux grandioses, la révolution commerciale de 1860, enfin, cette prospérité incontestable, un peu fiévreuse, il est vrai, et qui menaçait de fatiguer le corps national ; elle ne voulut se rappeler que le coup d'Etat, la loi de sûreté générale, quoique votée après un grand attentat, et la longue confiscation des libertés publiques.

_____

(1) V. Discours du 16 janvier 1873.

C'est surtout dans les premiers jours de 1870 que Paris se montra agité, et qu'une émotion indéfinissable remua cette jeunesse des grandes écoles, si libérale, si amoureuse des idées simples et généreuses.

On ne voulut pas croire à l'entière sincérité de la tentative impériale : Napoléon III avait trop tardé à introduire dans les institutions nationales cette liberté, pour lui si redoutable, qui cependant est, d'après Bastiat, le principe de toute moralité, de toute dignité, de tout progrès, et, qui n'est pas moins nécessaire, disait M. de Serre (1), au perfectionnement moral et religieux des peuples qu'à leur perfectionnement politique.

L'heure fatale arriva pour Napoléon III, qui dut payer sa dette à la liberté, malheureusement sur des ruines.

La guerre éclata comme un coup de foudre, déchirant l'honneur et le sol de la patrie.

. . . .

La liberté reparut : par un outrage inattendu, la Commune emprunta son nom sacré pour couvrir ses licences : elle n'en fut point compromise. Le malheur avait éclairé le peuple : il ne la rendit point responsable d'excès dont elle avait horreur. Le pouvoir qui abattit la Commune, après avoir accordé à la justice la satisfaction qui lui était due, obéit à l'inspiration la plus élevée de la raison, en confiant avec calme à l'esprit public plutôt qu'à la compres-

(1) *Livre des orateurs*, I, 343.

sion le soin de comprimer désormais les élans mauvais, les attaques détestables : il donna ainsi la preuve non de complaisances coupables, mais d'une sagesse rare dans nos traditions historiques. Il comprenait qu'il n'y a de paix solide que lorsque les esprits s'y soumettent volontairement.

La liberté ne pouvait que perdre à sa chute ; on le vit bien vite.

Le maintien de l'état de siége, les manifestations cléricales, la menace constante de mesures réactionnaires, ont troublé sérieusement le pays, à croire un moment que l'époque néfaste qui suivit Waterloo allait revivre ; aussi ne peut-on pas nier la sincérité de la protestation nationale contre cette défaite de M. Thiers, due pour ainsi dire à un coup de hasard.

Depuis ces changements, en dehors même des essais de restauration, on dirait d'un mot d'ordre constant pour trouver dans les doctrines socialistes un épouvantail, et l'appui indirect d'une politique destinée à maintenir au pouvoir certain parti, coûte que coûte.

S'il y a vraiment péril social, il ne peut être maintenu que par les hésitations du gouvernement ; la nation n'a peur que de l'équivoque.

Et d'abord ne serait-ce point par une pareille tactique donner à des accidents politiques une dangereuse valeur d'attention ?

La prudence et le patriotisme exigent qu'on prête la plus grande clarté possible à la question de savoir si le mouvement des classes ouvrières est vraiment illogique et menaçant pour la constitution du pays, ou s'il s'appuie sur les principes de justice et d'humanité.

La liberté est indispensable, aussi bien que la loyauté, à cette étude si intéressante pour tous; un gouvernement, quel qu'il soit, ne peut échapper longtemps à cette nécessité de laisser au moins l'essor libre aux idées. Qu'aurait-il donc à craindre de réunions publiques, si prévenu, conformément à la loi, il a le temps d'assurer l'ordre public, et s'il est lui-même protégé par des peines sévères contre les violences et les abus?

IX. L'Internationale, je l'avoue, me semble une association plutôt dangereuse qu'utile; j'espère que l'importance en est exagérée par la peur ou les calculs de la politique. Ses systèmes ne sont pas assez précis pour remuer utilement la société, et d'ailleurs elle se jette imprudemment dans la théorie immense et vide de la fraternité humaine; le nombre est grand encore des citoyens qui gardent exclusivement avec respect au fond du cœur l'image de la patrie. Que reprochait Robespierre à Clootz? Non-seulement d'être riche, d'être baron, de fréquenter des suspects, mais encore d'être l'orateur, non du peuple français, mais du genre humain?

L'Internationale veut être, mais n'est pas légion. Elle a un résultat certain, c'est de jeter le trouble parmi les travailleurs par des prédications qu'inspire, dit-on, l'étranger; on accusait Erasme d'avoir pondu l'œuf dont la réforme est sortie. La Commune est sortie de l'œuf pondu par l'Internationale.

Peut-être dans la dernière guerre son influence a-t-elle rendu quelques âmes indécises; on se rappelle encore les propos absurdes, nés de la trahison ou de la naïveté, qui invoquaient, après Sedan, la fraternité des Allemands vainqueurs et des Français vaincus.

Son nom est déjà un péril pour la cause républicaine, puisqu'il a suffi un jour pour constituer plus fortement un parti, qui, sous la dénomination exclusive et facile à usurper de « conservateur, » n'a augmenté ses ressources qu'au profit de la monarchie.

Tout le monde comprend l'union de certains groupes de travailleurs, qui ont le devoir de se joindre, de rallier en faisceau certaines forces éparses pour les besoins d'une même industrie, imitation de ces Sociétés ouvrières d'Angleterre, qui, « chose remarquable (1), ne s'écartent pas de leur objet, et n'ont pas d'autre visée que l'augmentation des salaires, sans songer à mettre la main sur le gouvernement..... Elles ne rêvent pas la reconstitution de la société, la suppression de l'intérêt, l'abolition de l'héritage, l'égalité des salaires, la commandite de l'individu par l'État. »

Eh! l'Internationale, si elle était victorieuse, s'élèverait vite à une aristocratie aussi oppressive que celle qui succomba en 1789. Au lieu de lui garder le mystère et l'attrait de la conspiration, qui appelle le martyre,

---

(1) Taine, *Notes sur l'Angleterre*, 312.

on se demande parfois s'il ne serait pas plus habile de lui opposer la liberté.

X. Il est indéniable toutefois qu'en mettant à part ces utopies grossières qui démolissent la famille, la société, la patrie, la religion, il existe parmi les classes ouvrières, et un peu parmi les campagnes, des aspirations vagues, non toutes illégitimes ; cette émotion est permanente et devient peu à peu le principal incident de la vie nationale. Au gouvernement donc de considérer dans une vue pratique le progrès humanitaire et de ne pas s'en tenir à ce qu'on appelle la marche du temps ! Il doit, par son immixtion active, éviter les soupçons, et donner au progrès ses garanties nécessaires de force et d'efficacité.

Tous les esprits libéraux sont prêts à le soutenir dans son expérience, la plus noble de toutes ; il y a bien encore pour la faire quelques millions en France, malgré tant de dilapidations depuis des siècles pour le caprice ou l'amour-propre des princes !

Le problème intéresse hautement l'humanité ; notre civilisation est assez avancée pour qu'on en cherche régulièrement la solution. Le cri du pauvre monte jusqu'à Dieu ! qu'il arrive aussi à l'oreille de l'homme.

Les travailleurs voudraient, dans la mesure humaine, un terme à leurs maux ; ils ont entendu ce conseil (1) : « Que si chacun de vous, inactif, silencieux, se tient à l'écart, regardant de là comment

(1) Lamennais, *Livre du Peuple*, p. 96.

vont les choses et se plaignant qu'elles vont mal, renoncez à l'espoir que jamais elles aillent mieux, et sous le poids des maux que vous léguerez à vos enfants, n'accusez que vous-mêmes, votre indolence et votre insouciance, votre égoïsme et votre lâcheté. » Qu'un gouvernement s'accuse aussi, s'il refuse jamais d'entendre de justes plaintes, et qu'exaspérant les âmes par sa négligence ou son dédain, il est lui-même la cause d'associations où les ouvriers espèrent trouver la force.

Loin de nous les violences, loin de nous le cri de 1848 : « Vivre en travaillant ou mourir en combattant. » Les améliorations philanthropiques doivent être assez puissantes pour anéantir ce passé.

La Commune est un avertissement sanglant : c'est avec modération qu'il faut aujourd'hui en rechercher les causes vraies.

La Commune n'a pas une signification absolue : elle fut, à la fois, l'œuvre de vingt ou trente utopistes, de quelques déclassés avides en tout cas de jouir, désireux de venger le passé en se substituant à des riches détestés ; et d'une masse inconsciente, instrument ordinaire des ambitieux, qui lui promettent simplement une solde, des distributions de vivres et de vêtements, et qui, sans foi ni loi, absorbent le reste en pensant royalement : « Après nous le déluge ! »

Elle ne fut pas nettement une revendication de droits méconnus, et l'idée républicaine, avec ses conséquences régulières, ne pouvait lui suffire.

« A l'époque des révolutions, dit bien Mme Roland, il se forme toujours, sous la direction d'hommes audacieux, des bandes qui se recrutent de tous les sujets qui, n'ayant rien à perdre, sont prêts à tout oser, et de toutes les dupes qu'ils ont l'art de faire. »

La bande de 1871, formidablement armée par une surprise inouïe, comprit donc quelques audacieux, beaucoup de mauvais sujets, et de nombreuses dupes. Elle est tombée justement, laissant le souvenir lugubre des otages fusillés et de l'Hôtel de Ville incendié. Elle ne doit rien prouver contre la marche ascendante du peuple.

L'opinion est prête à bien des sacrifices pour prévenir le retour des guerres impies, et pour rétablir solidement la paix dans les cœurs comme dans les choses.

Quoique une certaine obscurité enveloppe encore la pensée populaire, c'est moins une part de la fortune générale que le droit au travail et à une vie mieux assurée que la masse demande. Cette obscurité, il la faut pénétrer pour la satisfaction de tous.

XI. Donc, droit de réunion dégagé de toute entrave ! N'est-ce pas le seul moyen de fixer avec précision les besoins réels et les devoirs des ouvriers ? de formuler sans violence l'idée dite révolutionnaire et de savoir enfin ce que veut le parti social, « qui ne sait ce qu'il veut » prétendait M. de Cormenin (2). C'est par les discussions publiques, quelque passionnées qu'elles puissent être, qu'on instruira assez le peuple pour qu'il se

(1) *Livre des Orateurs*, II, 117.

laisse conduire, mais non exploiter : c'est par les discussions publiques contrôlées, contenues ou complétées par la presse, qu'on éclairera d'une manière saisissable pour lui ces tristes questions, qui opposent la pauvreté à la richesse, le travail au capital, le peuple à la bourgeoisie, et l'agriculture à l'industrie. Enfin, c'est par la discussion libre qu'on en diminuera peu à peu le caractère irritant. Qu'on discute, qu'on cherche, et Dieu veuille qu'on trouve le remède à ce mal terrible, l'incertitude de l'avenir, qui enfièvre des millions de nos concitoyens, et que Bastiat (1) a signalé. Il a montré, avec une émouvante éloquence, dans l'ouvrier la vieillesse fatale qui s'avance et se trahit chaque jour par une diminution des forces, la misère qui s'installe au foyer, le désespoir qui la suit. Alors, dit-il, c'est l'hospice, la prison ou le grabat pour lui ; pour la femme, c'est la mendicité ; pour la fille, pis encore.

Il faut, par des mesures hardies et libérales, satisfaire cet instinct de réparation sociale pour donner au peuple le calme et la santé. « Il y a quelque chose à faire, » disait l'avocat général Séguier au commencement du règne de Louis XVI ; mais, on agit peu ou point, et la Révolution éclata quelques années après.

Aujourd'hui aussi, il y a quelque chose à faire : chacun le sent. Ce n'est point seulement à l'initiative privée, c'est encore à l'initiative gouvernementale que les ouvriers ont recours. Ils sont nombreux : mais il

(1) *Harmonies économiques*, p. 465.

est juste de dire que, s'ils n'ont pas encore l'influence que leur orgueil se décerne, ils forment une partie intéressante qui mérite une vive sollicitude. On ne doit pas leur refuser le droit de se développer et de se perfectionner par tous les moyens, à la condition seulement que ces moyens n'attaquent ni la vie, ni la liberté de leurs concitoyens. Leur cause est sacrée.

M. de Molinari (1) rappelait un jour que s'il y a péril pour la société, il n'est pas nouveau : que les sociétés à esclaves de l'antiquité ont eu leurs guerres serviles, que le moyen âge a eu ses jacqueries, et que la lutte actuelle entre le capital et le travail n'est que le prolongement ou une reprise de ces luttes anciennes.

Mais la servitude et ses douleurs, contre lesquelles tant d'esclaves ont protesté les armes à la main, l'humanité en a énergiquement reconnu l'injustice : elle a tout fait pour la réparer. Mais les jacqueries ont été une explosion de colères légitimes contre d'odieuses exactions : 89 leur a fourni une éclatante réparation. Le nouveau mouvement accuse une évidente souffrance : la société a le plus pressant devoir d'en supprimer les causes, pour prévenir les explosions.

Les travailleurs français ne sont pas plus avides que ceux des autres nations, si leur agitation semble plus vive ; mais ils ont l'esprit plus inquiet ; et ils s'abandonnent volontiers à une vanité naïve, qui en ferait les champions du combat social, ou plutôt, à la grande

(1) *Revue du 15 janvier* 1873.

joie de nos ennemis, l'*anima vilis* de l'univers, comme si vraiment nous lui devions des expériences périodiques, dont il puisse profiter sans effusion de sang et sans pertes d'argent.

Certaines propositions pour régénérer les sociétés et abolir la misère sont trop absolues ; je ne crois pas me tromper en disant qu'elles ont été déclarées contraires à la sagesse pratique et repoussées par la majorité des travailleurs, en Amérique, en Angleterre, en Autriche et dans notre chère Alsace...

En Italie aussi, on se modère mieux, comme le prouverait une circulaire récente par laquelle la commission des travailleurs italiens invite les Sociétés ouvrières à un congrès. « Notre but, y est-il dit, est d'exposer, de coordonner, de propager l'expression des justes besoins de la classe laborieuse. Nous voulons faire cesser toutes les rancunes et tous les chocs qui, jusqu'à présent, ont jeté le trouble dans la société : il convient de bannir tout esprit de haine en se tenant ferme dans la voie large et sûre de la vérité et de la justice. »

Langage élevé ! il est vrai que l'idée révolutionnaire sans violence est bien forte, si forte qu'on ne doute pas de son succès dans l'avenir et que ses ennemis ne songent qu'à en retarder la marche.

Que les travailleurs se surveillent mieux et sachent se contenir : on excuse encore en eux l'emportement, mais non l'ambition politique et l'esprit de domination qu'ils voudraient prendre pour base de leur système.

XII. Une instruction moins incomplète corrigerait à coup sûr cette disposition générale, qui prête trop facilement à la confusion des idées justes et des idées malsaines.

Ici l'initiative du gouvernement est d'une nécessité incontestable.

Doit-il être arrêté par l'égoïsme et l'opposition de cette minorité dans la nation, à laquelle on décerne ce nom pompeux « les classes dirigeantes, » et qui, après avoir possédé si longtemps le privilége exclusif du commandement, acquiert avec une terreur réelle la conscience de sa progressive impuissance; de cette aristocratie qui ne se mêlera jamais au peuple qu'avec regret, et qui se voit forcée, pour garder encore quelque influence, d'abandonner de plus en plus ce dédain de la science, si crûment signalé par La Bruyère; de cette bourgeoisie, que la responsabilité épouvante, dont l'intérêt repousse toute velléité hardie, et qui rejette avec crainte ou mépris affecté toute pensée d'innovation sérieuse et de progrès?

Que s'il hésitait encore dans l'entreprise d'une réforme nécessaire, il médite cette leçon d'un magistrat éminent : « Les grandes vérités qui ont illuminé le monde ont toutes commencé par lui apparaître sous les formes d'espérances lointaines et de théories hasardeuses. Il y aurait folie à se flatter d'atteindre à l'idéal, mais il y a sagesse et dignité à entrer dans sa voie et à avancer vers lui de quelques pas (1). »

_____

(1) M. Renouard. *Discours à la Cour de cassation.*

Quel grand jour pour la patrie et pour l'humanité que celui où une Assemblée française, oubliant toute division, réunissant, comme la grande Constituante, ses forces pour le salut commun et utilisant sa puissance d'information, placerait résolûment ce problème dans ses discussions! Car on ne peut nier que l'opinion ne soit réellement émue des sentiments nouveaux; je reconnais que la tâche est délicate, ce n'est pas sans de grands efforts qu'on pourra embrasser d'un regard clair les divers systèmes et donner un corps régulier aux abstractions humanitaires, en retenant les témérités du peuple, en l'empêchant d'imiter ces imbéciles sectateurs de Vichnou qui, pour mieux l'adorer, se jettent sous les roues de son char? Le courage ferait-il défaut?

Il ne s'agit plus de retomber dans ces essais, rêvés par des hommes sincères, et dont le succès serait inutile au progrès d'une vaste société comme la France ; j'ai lu dans Proudhon que Considérant et ses amis sollicitèrent pendant vingt ans un crédit de quatre millions et une lieue carrée de terrain pour organiser la commune modèle. Certes, ces quatre millions seraient aussi bien employés à un pareil projet qu'à l'érection d'un nouveau temple de marbre pour y enfermer la divinité ; mais l'expérience me semble trop étroite ; autant invoquer pour le bonheur d'une nation les règles d'une communauté religieuse.

Le législateur, en adoptant sincèrement cette cause, donnerait un gage sérieux à la paix publique; il mettrait fin à cette inquiétude générale et à ce soulèvement

de tant de citoyens contre leur malheureuse condition ;
il enlèverait à la dégradation de trop nombreuses victimes. La résolution est la marque des esprits généreux et actifs. Quand, en 1776, Turgot voulut abolir
la corvée, il rencontra partout l'opposition des esprits
dirigeants. Quinze ans après, qui ne trouvait, et aujourd'hui qui ne trouve monstrueuse cette prétention
d'autres ministres, qui prétendaient la maintenir par
cette raison que des administrateurs habiles et dévoués
l'avaient maintenue ?

XIII. Un mot occupe singulièrement le peuple des
villes, mais laisse encore indifférent celui des campagnes, quoique la pratique en doive être chez lui plus
sensible : c'est la solidarité.

Je dirai, en passant, que l'ouvrier, qui a vu plus de
choses, dépasse souvent dans ses conceptions la mesure de son esprit, tandis que le paysan, par un sentiment de réserve timide et honorable, a au contraire
une tendance à rester en deçà.

Ce mot de solidarité n'est pas très-précis, mais il
repose sur une idée dont la portée philosophique est
immense.

Sans rechercher si le luxe donne à de nombreux
travailleurs le pain quotidien, le peuple se sent ins-
tinctivement froissé, quand du bas de sa misère il con-
temple les raffinements et les prodigalités égoïstes :
antithèse redoutable ! Alors il se compare, son esprit
fermente et lui aussi se dit : Pourquoi ces choses et
non pas d'autres ? Pourquoi tant d'abondance pour des

besoins semblables aux siens ? Alors se heurtent en lui les rêves de fraternité et les pensées de haine, dont le soupçon seul devrait retenir les insolences et les éclats de la richesse.

Cette solidarité proclamée par des apôtres du socialisme ne semble pas attaquer directement la propriété, dont la Convention elle-même, si passionnée mais si habile, imposa le respect sous peine de mort ; elle ne se confond pas avec le communisme, idée chimérique, destructive du travail et de l'épargne, dont la conséquence fatale serait la restauration de l'antique esclavage, avec les guerres incessantes, le pillage et les émigrations.

En n'acceptant l'égalité de salaire que pour l'égalité de capacité, elle exprime le droit au travail, qui est le droit de vie, et dont la réglementation a paru jusqu'alors au-dessus des moyens humains ; elle exprime encore, d'après la pensée même de Robespierre (1), l'obligation pour la société d'assurer des moyens d'existence à ceux qui sont hors d'état de travailler ; par-dessus tout, elle comporterait l'échange habituel des services et des instruments, industriels ou agricoles, dans une mesure proportionnée aux ressources de chacun, mais sous une pression plutôt morale ou religieuse que législative.

Au XIIᵉ siècle, les habitants des villes, pour se constituer en commune, juraient de se défendre les uns les autres contre les exactions et les affronts des sei-

(1) 21 avril 1793.

gneurs; les travailleurs ont l'idée vague d'une association semblable contre les misères et les souffrances
de la vie, association nationale dont la constitution
renfermerait ce principe actif : fais aux autres ce que
tu voudrais qu'on te fît.

Dans un tel système, on n'accepte plus guère la
charité que comme un moyen transitoire, en attendant
l'application de l'idée supérieure.

La partie passionnée, irréconciliable du peuple, ne
supporte la charité qu'avec colère : par un sentiment
exagéré, injuste, elle ne veut voir le plus souvent,
dans l'aumône même délicate, qu'une habile précaution pour calmer de légitimes impatiences; elle ne
veut y sentir qu'une insulte, comme si la charité
pouvait humilier le malheureux qui a cherché le travail et que le travail a fui.

Pour le droit au travail, il est bien difficile de dire
si le devoir du gouvernement est de le mettre lui-
même en pratique, ou de le faciliter seulement par
des entreprises continues d'intérêt public, canaux,
ports, chemins de fer stratégiques, etc. C'est là un
problème redoutable. Il ne semble pas prudent au
plus grand nombre de mettre le trésor public à la
merci d'entreprises artistiques, industrielles ou agricoles, système qui, de l'aveu même de Proudhon, ne
comporte guère d'atténuation, et qui produirait inévitablement la destruction de l'industrie nationale
avec le ralentissement des activités.

D'ailleurs, l'expérience faite en 1848 n'a pas ré-
pondu aux immenses sacrifices de la nation. Les ate-

liers nationaux, a-t-on dit, ont fini par n'alimenter que les ouvriers oisifs; ils n'ont rendu à l'État qu'un produit dérisoire et il en est résulté une déperdition de forces nécessaires aux besoins réels de tous (1). La société ne peut tout faire : les logiciens ardents reculent eux-mêmes devant la puissance de faits historiques.

XIV. Cinq questions surtout retiendront spécialement l'attention : d'une part, les impôts, l'assistance publique, les monts-de-piété ; d'autre part, les assurances sur la vie, et l'alliance du capital et du travail par la participation des ouvriers aux bénéfices de leur industrie.

Je ne veux qu'en indiquer la signification.

Les contributions indirectes accablent le peuple : doit-il donc jeter dans les caisses de l'État une partie de sa subsistance ? C'est sur la fortune, mobilière et immobilière, qu'il convient de reporter toutes les charges, comme je l'expliquerai plus loin (2).

L'assistance publique est active et dévouée, mais elle n'est pas assez puissante; il y a peu d'années encore, les bureaux de bienfaisance ne disposaient que d'une somme inférieure à vingt millions. En attendant la révision radicale des lois de finances, il est urgent d'augmenter ses ressources, non plus seulement par un appel aux cœurs, mais par la création de cen-

(1) Séance du 29 mai 1848.
(2) V. infra, § XXXII.

times additionnels. L'assistance à domicile soulage
la misère, sans offenser une juste fierté ; elle ne peut
être efficace (sans avoir à se préoccuper d'abus possibles) que par les produits officiels qui lui seront
ainsi donnés, et, de plus, par l'obligation corrélative,
imposée, « comme dans les premiers temps de la
monarchie française » (Dalloz), à chaque commune,
ou si l'on veut à chaque canton de nourrir ses pauvres. Ne serait-ce pas encore le moyen de retenir
dans les campagnes ces émigrés, qui dédaignent le
travail modeste mais sûr des champs, pour tenter la
basse industrie des grandes villes et y trouver, s'il y
a lieu, des aumônes plus abondantes au détriment de
plus honnêtes ? On pourrait aussi rompre avec cette
tradition de la loi de Frimaire an VII, qui fonde l'institution des bureaux de bienfaisance sur le droit des
pauvres dans les théâtres, et qui excite dans le monde
artistique une si persistante protestation.

Les monts-de-piété, créés pour aider le travail en
détresse, ne remplissent que d'une manière incomplète, de l'aveu de tous, le but élevé de leur fondation.
La direction a sans cesse opposé à la critique du taux
des prêts l'élévation considérable des frais : certes,
elle n'est point suspecte et son dévouement est absolu.
Cependant il est difficile d'accepter que 7, 8, 9, 10,
et 12 % soient indispensables à l'existence d'une institution toute de bienfaisance, qui devient dès lors oné-
reuse, et dont les bénéfices versés à la caisse des pauvres ne viennent que des pauvres : un tel résultat
étonne l'humanité !

Le 20 février 1850, le ministre de l'intérieur signalait aux préfets un projet d'institution privée : la banque de prêts d'honneur, qui, disait-il, fonctionne depuis longtemps en Italie. Elle devait procurer aux pauvres des ressources indispensables à un moment donné ; améliorer enfin la condition morale et matérielle de la partie souffrante du peuple. Les emprunteurs, d'après les statuts, devaient payer seulement un intérêt de 5 %, dont 3 fr. 65 pour les fonds déposés, et 1 fr. 35 pour les frais (1).

Cette banque malheureusement ne réussit pas : mais si les monts-de-piété ne subsistent en général que grâce à des conditions si dures, qu'ils les maintiennent, ils rendront encore quelques services, mais ils ne seront pas une institution de bienfaisance.

XV. Quant aux assurances sur la vie, ce serait, il est vrai, aux mœurs de les adopter et de les régler. Quoi de plus intéressant pour la sécurité et la prospérité de la société que cette convention qui garantit, moyennant un léger sacrifice annuel, les honnêtes gens des préjudices que leur décès peut occasionner à leurs créanciers ou à leurs familles ?

En Angleterre et en Amérique, où l'individualité semble plus hardie, les assurances sur la vie ont pris, dit-on, une extension considérable : c'est qu'elles répondent à un besoin vrai de la vie sociale.

(1) Dalloz. *Jurisprudence générale.*

Je ne sais si, en France, l'intervention active du gouvernement dans cette question n'est pas indispensable : le second Empire l'a pensé.

Un fait indéniable, c'est que les Français ont pris l'habitude de compter sur la puissance publique; cette habitude nationale est peut-être indestructible.

L'Etat doit donc, dépassant l'idée des Caisses d'Epargne, aujourd'hui menacée par le facile accès des fonds publics, reprendre plus énergiquement cette grande entreprise. Il tournera ainsi, en dépit de craintes injustes, au profit de la morale et du travail, l'immense confiance qu'inspire son crédit.

Il faut reconnaître que ce ne sont ni les exigences d'un luxe relatif, ni la pensée fâcheuse de la mort, qui retiennent les citoyens : c'est une ignorance presque générale de l'institution.

Et encore « ce qui a puissamment contribué à retarder les assurances sur la vie, c'est la fausse opinion qu'on s'est faite sur leur légalité » (1). De là évidemment un préjugé dont les suites se prolongent et qu'il faut anéantir par tous les moyens possibles.

Napoléon III s'était préoccupé sérieusement des mesures qui peuvent contribuer à l'amélioration du sort des classes laborieuses. En 1868, une loi du 11-15 juillet a créé deux caisses d'assurances, l'une en cas de décès, et l'autre en cas d'accidents résultant de travaux agricoles et industriels. Les sommes

---

(1) Dalloz, *Assurances*, 312.

assurées ne pouvaient, pour la première d'après l'article 4, excéder 3,000 francs.

L'idée est juste : une pareille somme est ordinairement suffisante pour supprimer les embarras qui résultent immédiatement de la mort du chef de famille, en même temps qu'elle n'exige pas, pour y atteindre, un sacrifice annuel écrasant.

Le 10 août 1868 parut un décret, portant règlement d'administration publique pour l'exécution de cette loi du 11 juillet 1868.

Rien de plus simple que cette organisation : les propositions d'assurances étaient reçues à Paris par la Caisse des dépôts et consignations, et dans les départements par les trésoriers payeurs généraux, par les receveurs particuliers, par les percepteurs et les receveurs des postes.

La chute de l'empire entrava naturellement la pratique de cette sage création, comme la guerre et l'augmentation des impôts l'ont rendue plus difficile.

C'est au gouvernement de la poursuivre énergiquement au profit de l'ordre matériel et de l'ordre moral aussi ; car, ainsi que le disait M. Devinck, cité par le rapporteur, M. de Beauverger, « dans cette institution, le caractère de la prévoyance est d'un titre plus élevé, puisque le chef de famille se prive d'une partie de ce qu'il gagne, et s'en retire la jouissance dans le but d'assurer après sa mort, à ceux qu'il aime, les ressources nécessaires. C'est un acte d'abnégation, essentiellement utile, essentiellement moral. C'est la prévoyance appliquée au dévouement. »

Alors, **M.** de Beauverger se demandait si, en présence du mouvement qui s'est opéré dans les esprits contre l'intervention de l'Etat dans le domaine des intérêts privés, il n'y avait pas inconséquence à placer l'institution proposée sous sa garantie ; mais il y avait des motifs sérieux de se déterminer dans ce sens : non-seulement le profit d'une gestion désintéressée et sans frais, mais surtout le refus par les Compagnies de faire les petites assurances, si ce n'est à titre d'exceptions.

Déjà par une loi du 18 juin 1850, qui créait sous la garantie de l'État une caisse de retraites ou rentes viagères pour la vieillesse, on avait fait un pas important, suivant les termes de M. Benoist-d'Azy, « dans la voie des améliorations sociales, en offrant à l'épargne prévoyante un moyen de placement pour les économies qui doivent assurer l'existence de la vieillesse infirme. »

Cette idée était plus généreuse encore et plus attrayante ; d'après l'article 3, le montant de la rente viagère à servir était fixé conformément à des tarifs, tenant compte pour chaque versement :

1º De l'intérêt composé du capital, à raison de 5 % par an ;

2º Des chances de mortalité, calculées en raison de l'âge des déposants, et de l'âge auquel devait commencer la retraite ;

3º Du remboursement, au décès, du capital versé, si le déposant en avait fait la demande au moment du versement.

Ce sont donc là des institutions qu'il importe de vivifier, de perfectionner, de répandre.

Je crois que le succès en serait assuré, si le gouvernement s'y prêtait résolûment. Eh! l'insuccès même serait honorable, sans entraîner pour la nation des risques considérables. Que la France songe que c'est rendre ainsi le droit de propriété plus accesssible au travail. Je laisse de côté les associations de secours mutuels, quelques services que, dans une société paisible, elles puissent rendre. Il a été fait contre elles des objections très-sérieuses.

L'obligation (et non la faculté) d'un versement régulier doit en éloigner, je pense, les petits travailleurs ; leur organisation donne trop de facilités aux passions politiques et au désordre, sans compter les dangers ou inconvénients qui résultent de la mauvaise gestion, du vice des statuts, du défaut de garantie, de la mauvaise foi ou de la faiblesse (1).

L'opinion accepte, non toutefois sans une certaine timidité, le principe du partage des bénéfices entre le patron et les ouvriers. C'est, à mon avis, dans cette association qu'est le principal gage du repos général, si l'on en juge par cette fraternité simple et cette confiance cordiale qui ont éclaté dans quelques banquets entre ouvriers et patrons coassociés : elle est l'alliance vraie du travail et du capital, aidée peut-être dans un temps prochain par la liberté de l'intérêt. C'est alors que le patron n'aura plus à craindre l'accusation

(1) V. Dalloz. *Associations de secours mutuels*.

de tyrannie ou de spoliation ; c'est alors qu'il trouvera
dans ses collaborateurs un appui naturel, et que l'œuvre commune devra prospérer au-dessus des intrigues,
des soupçons et des grèves. Est-ce dans de pareilles
entreprises que l'émeute ira chercher des soldats ?

La liberté — loyalement — pour tous, voilà donc
le cri de l'opinion. La majorité ne se lasse pas de l'entendre appeler nécessaire ; l'entraver serait mettre un
obstacle insurmontable, d'abord au développement in-
tellectuel pour lequel la France possède des ressources
considérables, puis à la cohésion, à l'harmonie si
désirable des éléments divers de notre société. Un
gouvernement est intéressé à ne pas le tenter, non-
seulement par patriotisme, mais aussi par intérêt ; la
liberté lui enlève cette responsabilité qui s'attache
aux régimes absolus et les expose à des équivoques,
à des embarras vis-à-vis de l'opinion, même vis-à-vis
des puissances étrangères.

Et par-dessus tout, si la liberté devait être funeste
aux éléments conservateurs, il faudrait s'en étonner :
vaincus, ils mériteraient leur défaite, car ils sont supérieurs par les moyens et par l'intelligence, égaux
au moins en nombre à ces éléments de désordre qui,
ne pouvant arriver aux jouissances, regardent le talent même comme une injustice.

Qu'on laisse donc faire tant que le mouvement n'est
point le désordre, qu'on laisse donc passer toutes les
idées ; l'attention publique n'est le plus souvent excitée
que par la restriction et la défense. Je défie certains
sophistes ou empiriques, auxquels les philosophes ont
ouvert innocemment la voie, et qui promettent le bon-

heur à la condition d'un renouvellement total, de faire
l'exposé libre de leurs doctrines sans heurter le sens
populaire; mis en demeure de s'adresser à la raison et
non plus à la passion, ils perdraient vite le crédit
qu'ils doivent aux interruptions et à l'espèce d'horreur officielle dont on les grandit.

La lumière n'est dangereuse qu'à une politique dé-
loyale, qu'à une religion ambitieuse.

XVI. L'égalité existe, mais est-elle bien une vérité?
La naissance et la fortune gardent encore, vis-à-vis
des déshérités, quelques arrogances voilées, mais
réelles, qui éveillent les susceptibilités populaires.
Cependant, on peut remarquer que le ton du commandement baisse de plus en plus dans la vie civile; il
semblerait ou que celui qui l'exerce ne se croit pas
un titre bien assuré, ou que le respect de la dignité
humaine s'est de plus en plus développé et accentué.

Si le sentiment de l'égalité n'est pas dans tous les
cœurs, la majorité néanmoins le ressent énergiquement; elle veut, ne reconnaissant d'une manière absolue comme légitime qu'une seule élévation, celle de la
vertu et du talent, faire disparaître entièrement certaines distances.

L'idée philosophique dépassera toujours, quoi qu'on
fasse, l'idée pratique; il est habile et généreux de les
rapprocher le plus possible.

Depuis la confusion légale des classes, le moraliste
a pu observer un vice redoutable qui n'a fait que croître, et dont la France doit se garder : la jalousie.

Une susceptibilité outrée suspecte trop souvent la supériorité, comme si elle était acquise par l'injustice ; on cherche à la rabaisser de parti pris, sans souci de la discipline.

La fièvre révolutionnaire a fait surgir aussi des prétentions sans mesure, et une ardeur désordonnée, qui bouleverse bien des âmes en ne leur assurant que le désespoir.

Ce trouble ne dénote, il est vrai, qu'une situation transitoire ; il est probable que les générations suivantes seront plus heureuses, et pourront fonder leur expérience sur ces secousses mêmes.

Les ambitions sont donc mal réglées. Quand acceptera-t-on sans arrière-pensée le rôle qui convient à ses forces ? Ainsi dans le domaine politique trop de citoyens se croient aptes à gouverner leurs semblables.

Un trait peindrait un côté de la situation actuelle : en 1832 ou 1834, une émeute éclata dans une petite ville ; le sous-proconsul, majestueux et digne à ce qu'on rapporte, s'élança sur le balcon, invitant les chefs à lui apporter leurs griefs. Les chefs ! s'écria la foule, nous sommes tous chefs, et elle se précipita en tumulte dans le petit hôtel. Je ne sais plus ce qui advint, mais je doute qu'on se soit bien entendu.

Dans une société démocratique, le plus grand danger, c'est cet esprit exalté qui, satisfait de connaissances générales et superficielles, veut à tout prix dépasser les rangs, et conteste facilement le commandement légitime.

Par une exagération que comporte assez leur caractère passionné, les Français ont un peu faussé le sentiment de la justice sociale; ainsi, après avoir abattu, avec raison, tout ce qui était élevé sans un droit précis, voudraient-ils aujourd'hui transformer en un triomphe la venue du prolétaire à la grande vie politique, en lui prêtant systématiquement toutes les vertus? Je me méfie de cette réaction, qui, pour réparer les injustices d'un passé mauvais, en arriverait à créer en sens inverse des types aussi insupportables plus tard que ceux de l'ancien régime. Pour être sincère, le prolétaire ou travailleur mérite un vif intérêt; mais aussi, il est tenu, autant que possible, de s'élever intellectuellement, non pas, comme quelques démagogues le prétendent, pour prendre à son tour la direction de la société, mais pour avoir le droit de revendiquer sa part seulement de cette direction.

Être noble était autrefois un titre suffisant pour gouverner; grave erreur qui a été proclamée et réparée : être prolétaire n'est pas davantage un titre supérieur.

Il est fâcheux que les classes s'évitent encore d'une manière assez sensible et que tous les Français ne conforment pas socialement leur conduite avec leurs principes constitutionnels. Dieu veuille qu'on ne soit pas loin de s'entendre et de mettre fin à un chaos de sentiments qui trouble la France !

XVII. La bourgeoisie, sous Louis-Philippe, a sacrifié le progrès à son égoïsme; séparée du peuple depuis 1830, elle a reçu en 1848 un coup presque aussi violent que la noblesse en 89.

Elle ne peut être par elle-même une force : sa faute, dans laquelle elle ne saurait persévérer sans danger, fut de tendre constamment vers l'aristocratie qui l'accueillait, mais seulement dans l'espérance de s'en servir et non sans l'accuser parfois d'être « médiocre, incrédule et jalouse. »

A-t-elle le droit de s'étonner que les classes inférieures qui entendent rester le peuple, la suspectent et la surveillent? Sortie de ce peuple, élevée par la fortune conquise et par l'étude, elle semble trop préoccupée d'oublier son origine et de conquérir une espèce d'éclat héréditaire. Elle a l'orgueil de la richesse, et surtout de la science, où elle est entrée, dont elle a pris la clef, mais dont elle doit ouvrir la porte à tous.

Elle a aussi un tort grave : c'est de ne pas assez sacrifier la vanité au devoir, et de ne pas se placer franchement à la tête de ces classes inférieures qui auraient tant besoin de son intelligence et de son crédit pour éclairer et assurer leurs idées.

Une telle conduite n'est ni habile ni élevée.

C'est par des relations fréquentes, sincères, avec le peuple qu'elle l'instruirait et le calmerait, en méritant sa reconnaissance. Que cherche le peuple? Des chefs, non des maîtres. Elle le laisse seul avec lui-même; il est naturel que de mauvaises pensées germent dans un milieu limité, où les bons et nobles sentiments ne manquent pas, mais meurent

souvent faute d'un développement régulier. Le peu[
ne lui demande pas de partager sa rudesse et de 1
faire le sacrifice de sa fortune; laissons de côté c
excitateurs suspects, faux bonshommes en bienf₤
sance et en politique, qui ne manquent pas de fa
hautement de ces deux conditions la preuve de
sincérité des démocrates. C'est un jeu aujourd'l
démasqué.

Le peuple est avide d'une familiarité honorable
non hautaine; l'abandon de la bourgeoisie lui pè
et jette dans son esprit des pensées de révolte.

La bourgeoisie doit pourtant apprécier l'embar₁
de cette situation morale! Elle en éprouve parfₑ
comme un sentiment de timidité.

Ne sentirait-elle pas la nécessité de cette questi
sociale, qui la presse, l'étreint et qu'elle voudr₤
éluder? Elle n'évitera pas le danger, si danger il y
en renouvelant la méthode de l'autruche. Qu'elle ₤
le courage d'envisager nettement la situation et d'
organiser le dénoûment, sans arrière-pensée : va₁
cue dans une partie de ses idées, elle sera au moi
sans reproche. C'est de désintéressement et non
politesse sans bonté qu'elle doit faire preuve, si e
ne veut être un jour écartée rudement. Qu'elle
dévoue donc à l'idée révolutionnaire; qu'elle repous
avec indignation cette accusation allemande, de fu
tout danger en sauvant la caisse; qu'elle préfè
enfin les solutions nettes aux temporisations tim
rées.

La réconciliation pratique n'est pas si difficile

obtenir; beaucoup la recherchent par un sentiment
de haute raison, ou plutôt avec cet élan de bienveillance naturelle qui est dans le cœur de presque tous les
Français.

Jusqu'alors je n'ai parlé que de la masse du peuple,
qui chez nous n'est ni méchante, ni égoïste; je ne
veux point mettre en cause cette minorité, étrangère
à l'humanité comme à la patrie, qui ne sait absolument que mépriser et haïr, à laquelle il n'est dû
qu'une certaine pitié, sous la garantie de la force.

XVIII. L'aristocratie, abstraction faite naturellement de ces parvenus qui ne peuvent que la compromettre encore par l'exagération de leur orgueil et la
sottise de leur insolence, a, malgré sa générosité na-
tive, une valeur sociale moindre, s'il est possible,
par l'effet de son particularisme bien tranché et
d'une méfiance plus énergique.

Elle n'a pas recouvré ce prestige, qui lui permit si
longtemps de donner le ton et d'imposer en quelque
sorte l'imitation.

Certes, on ne peut lui refuser, surtout après la
guerre de 1870, ce patriotisme dont le vieux de
Thommeray, grâce au talent, reste un type émou-
vant; mais il est incontestable que son influence
est perdue; l'opinion se forme presque entièrement en
dehors d'elle.

Ce n'est pas qu'on lui oppose sérieusement, même
pour l'urgent besoin de la cause contraire, l'arrière-
pensée de ressusciter les vieux droits et d'opprimer

encore les paysans; mais elle semble repousser ave
quelque hauteur jusqu'à cette demi-fraternité, tempé
rée pourtant par les convenances générales, et conte
nue dans une pratique raisonnable. La question es
délicate; il faudrait peu de chose pour ranimer cett
impression désastreuse qui s'est maintenue instincti
vement dans le peuple, et qui remonte surtout
1614, alors que, s'adressant à Louis XIII, le baron d
Senecey s'emportait contre l'odieuse prétention d
tiers « de former, avec le clergé et la noblesse, le
trois frères, enfants d'une mère commune (1). »

Lui faut-il donc tant d'abnégation pour abandonne
ce passé politique, pour refouler l'esprit de caste, e
suivre résolûment le courant moderne?

Elle peut se convaincre que la démocratie a, pou
ainsi dire, cette sève qui donne même aux plantes l
force de briser des murailles.

Le sort en est jeté; c'est en avant qu'elle doit tour
ner ses regards, en nourrissant sa pensée des souve
nirs du 4 août 1789, sans même aspirer à prendre e
France l'influence encore réelle de la noblesse che
d'autres peuples de l'Europe.

Il est vrai, dit Timon, qu'après le préjugé de l'éga
lité, il n'y en a pas de plus tenace que celui de l
naissance.

Si, par un effet inattendu des révolutions, elle de
vait posséder de nouveau la direction exclusive, j
crois qu'elle serait à la fois large et intolérante, douc

(1) Aug. Thierry, *Tiers-Etat*, p. 193

et impérieuse; elle aimerait à agir avec la nation, comme les rois avec leurs nourrices.

En faisant aujourd'hui l'abandon de certaines pensées secrètes, elle montrerait d'une manière élevée qu'elle songe bien, comme c'est son devoir, à la nation et non à une partie seulement de la nation.

Elle a obtenu dans l'Assemblée de 1871 un triomphe relatif; mais ses efforts pour la domination sont condamnés à la stérilité : le travail, l'intelligence, le talent sont décidément pour la société française des titres plus précieux que la peine de naître.

Quoi qu'il advienne, on peut dire que, soit orgueil ou insuffisance d'une part, soit méfiance exagérée de l'autre, l'aristocratie et le peuple entreront difficilement en communion.

Quand donc la philosophie fondera-t-elle cette simplicité des mœurs et cette fraternité des relations que Robespierre voulait imposer à la nation, mais à une époque où la lutte était trop ardente pour qu'il réussît !

XIX. Il était peut-être facile, sous Louis-Philippe, de prendre régulièrement un parti décisif. Les idées s'y seraient prêtées; qui donc aurait osé parler d'un quatrième État? La nation tout entière n'eût alors formé qu'un bloc : qu'auraient importé les minces fragments qui s'en seraient détachés?

Si les tendances réactionnaires devaient persister parmi nous, j'espère que le peuple se montrera pa-

tient et digne. Sa victoire est certaine dans des tem
non éloignés.

Le gouvernement de 1874 fait fausse route et p
raît oublier que c'est une entente sincère avec
nation qui pourrait seule faire son prestige et sa so
dité; son devoir et son intérêt sont de suivre strici
ment le progrès de la pensée publique.

Il serait dangereux pour lui d'agir comme si
France n'était pas la maîtresse vraie, comme si e
devait marcher malgré elle à un but, dont une min
rité proclame la noblesse et l'utilité, et qui, pour s
propre bonheur, lui doit être imposé par ruse ou p
force. Est-il donc si habile de vaincre l'opinion? l
m'inspirant de Fénelon, je dirai que la meilleu
maxime est de ne pas opprimer les peuples, de les ii
truire et de s'en faire aimer plutôt que de les metl
dans la terrible alternative ou de rester avilis so
une domination odieuse ou de faire appel à la vi
lence.

La royauté sut en 1830 ce qu'il en coûtait d'o
blier (1) « que le concours permanent des vues poli
ques d'un gouvernement avec les vœux du peuple e
la condition indispensable de la marche régulière d
affaires publiques. »

XX. Le pouvoir dispose d'un instrument non pr
cis, mais suffisant pour connaître l'opinion: le su
frage universel, qui a excité un si grand enthousiasr

(1) Voir *Adresse des* 221.

et qu'aujourd'hui l'on accuse avec amertume. Doit-il donc être critiqué par la seule raison qu'il est trop délicat pour une société humaine et qu'il a commis des erreurs grossières? Qui voudrait la suppression du jury en matière criminelle, et cependant....? Il est, malgré les protestations d'un certain parti, une arme entre les mains, non d'un enfant, mais d'un homme, parfois naïf, à la vérité, mais qui peu à peu s'éclaire et s'affirme sans emportement.

Il est seul sincère, a dit Timon.

Il n'est pas directement responsable des fautes qui ont marqué des époques diverses. Est-il coupable des manœuvres trop habiles qui l'ont égaré et lui ont fait consacrer l'arbitraire? Qu'on proclame la vérité; qu'on lui pose sans obscurité, sans réticence, une double question, il saura choisir avec un bon sens qui étonnera les sceptiques.

L'Empire ne demanda jamais au peuple souverain son consentement, mais seulement sa ratification d'un fait accompli.

Proudhon écrivait le 7 janvier 1853 : « Peut-être l'empereur se confie-t-il en la force immense qu'il tire de huit millions de suffrages !... Il ignore que..... le plus fort argument contre le suffrage universel et direct, et partant contre le titre de Napoléon III, est tiré précisément des votes du 10 décembre 48, du 21 décembre 51 et du 20 novembre 1852. Plus le peuple lui a donné de voix, plus, au jugement même des républicains, ce peuple est incapable, plus il a manifesté son incompétence » (1). Non, le peuple a prouvé son désir d'activité politique ; il s'est heurté à deux propositions, mais dont l'une affirmait le médiocre et l'autre l'imprévu, c'est-à-dire le mauvais ! Que devait-il donc faire ?

Le suffrage restreint (de 1815 à 1848) fut moins moral que le suffrage universel ; il est d'ailleurs plus facile à manier et à corrompre. Pendant trois règnes, la distribution de certains emplois et de petites ou grandes faveurs en a donné une preuve irrécusable. Cette loi du 31 mai 1850, si maladroitement restrictive, n'a eu d'autre résultat que de permettre au prince-président d'augmenter sa popularité par son insuccès même, quand, le 17 novembre 1851, il proposa de rétablir le suffrage dans son intégrité . le coup d'État fut ainsi couvert du prétexte des intérêts vrais de la démocratie et de la nécessité d'actes réparateurs.

Quel que soit le pouvoir en France, le régime du cens ne pourrait être remis en vigueur, le sentiment public lui est absolument contraire. En parler même, c'est exciter les colères, c'est rappeler une époque et une idée désastreuse pour la liberté et l'égalité.

Pour l'immense majorité, il convient de maintenir le fonctionnement intégral du suffrage universel et direct, rapprochement d'une justice absolue.

Durant le second Empire, on sait qu'il servit d'une

---

(1) Lettre au prince Napoléon. V. *Sainte-Beuve sur Proudhon* p. 319.

manière inconsciente une politique toute personnelle : la masse se montra confiante à l'excès et se livra d'elle-même aux habiles. Elle prouva alors que « jamais il n'exista de nation plus facile à tromper, » comme a dit Joseph de Maistre (1). L'Empire, tout en proclamant son respect pour ses décisions, fit en réalité les choix que le peuple confirma : il nomma, le suffrage institua.

En 1871, le rapporteur de la loi sur les conseils généraux a pu dire de cette époque, sans blesser la vérité : « L'institution des préfets a été sous le régime déchu détournée de son véritable but : au lieu d'avoir pour objet unique la bonne administration du département, elle est devenue une école de pression électorale ; elle a été l'instrument détesté des candidatures officielles, cause première de nos désastres. »

Aussi la Chambre, de 1852 à 1870, n'a-t-elle pas représenté exactement le pays : par elle, la volonté de l'Empereur a dominé et tourné adroitement la volonté vraie de la France ; enfin elle a eu le tort de paraître placer l'intérêt d'une dynastie au niveau, sinon audessus de la chose publique. Trop de députés étaient alors convaincus, d'après une leçon assez récente, que le mérite politique n'est pas de soutenir un ministre seulement quand il a raison.

A part la glorieuse mais inutile campagne de Crimée, à part cette guerre d'Italie, qui fut une pensée généreuse, affermie par l'émotion populaire aux

(1) *Soirées de Saint-Pétersbourg,* I, 138.

récits de Silvio Pellico, ne convient-il pas de dégager le suffrage universel des conséquences de la loi de sûreté générale, de la guerre du Mexique, et enfin de la guerre d'Allemagne qui mit au jour la plus fatale imprévoyance?

Le pouvoir personnel est un grand danger pour les nations : il permet aux âmes faibles d'échanger leur dévouement contre son appui et ses faveurs, et à lui-même, par ces tristes conquêtes, d'écarter un juste contrôle et de masquer une situation compromise, jusqu'au jour où la foudre enfin éclate sur toutes les têtes.

Il serait injuste de garder aujourd'hui tant de méfiance contre le suffrage universel. Après l'armistice de janvier 1871, fit-il donc des choix qui puissent le rendre suspect aux conservateurs plutôt qu'aux républicains, modérés ou radicaux? Si depuis, dans des élections partielles, ses choix se sont accentués parfois dans le sens de l'idée libérale, jusqu'à l'exagération, faut-il donc accuser la volonté nationale d'imbécilité ou de folie? Il serait odieux de désespérer du bon sens populaire, ranimé, non affaibli par nos récents désastres. Que signifie après tout cette élection fameuse qui étonna ou effraya le pays, et fut le point de départ d'une évolution politique?

Elle fut comme une chiquenaude de la main gigantesque du peuple, qui mesura mal son coup et tua le pouvoir au lieu de lui donner une simple leçon, ainsi qu'il le voulait : maladresse pesante pour le parti républicain! Le renouvellement de pareilles erreurs, je l'avoue, ne pourrait qu'agiter l'esprit public et lui imprimer en 1874 ou 1875 un mouvement d'arrêt dont les partis monarchiques s'empresseraient de profiter.

Il suffirait, pour éviter ces surprises, d'une liberté sincère sans fausses timidités qui agacent les passions populaires.

Le peuple apprécie hautement la confiance qu'on lui témoigne ; il sait revenir aux justes appréciations. Ce qu'il hait, par dessus tout, ce sont les précautions subtiles et offensantes qu'on multiplie contre lui ; il s'irrite de voir des gouvernements user de leurs droits trop strictement, parce qu'il craint toujours de les leur voir dépasser. Il lui semble qu'entraver sa liberté, que chercher à l'effrayer, c'est prouver pour sa raison un mépris immérité. Et qu'on ne dise plus, comme les conseillers de Charles X, que le peuple est étranger à ces hautes questions : la fierté du caractère national ressent vivement toutes ces atteintes.

Il est temps qu'on tienne compte du calme qui accompagne régulièrement cette formidable mise en mouvement de dix millions de citoyens : l'étranger impartial devra reconnaître qu'il n'a pu surprendre, depuis vingt-six ans, dans ce mélange d'électeurs, qu'une agitation contenue, aucune sédition sanglante.

XXI. La nation est en possession du suffrage universel ; elle y est fortement attachée, qu'on l'envisage comme un retour au droit naturel ou comme une conquête de la société moderne. Il est grave de toucher

à un fait aussi important, qui s'impose par sa simplicité même, et qui a déjà la force d'une tradition. Quel
terrible travail que le mutiler, même sous le prétexte
du bien public! C'est justement, d'après la caricature
française (1), dévisser un obus.

Qu'on se garde d'invoquer même l'autorité de Robespierre pour chercher dans la propriété une garantie contre les entraînements du suffrage universel; le
prétexte de mandat public est insuffisant pour limiter
le droit de vote. Et lorsque des esprits élevés parlent
de diviser les cantons en trois catégories, que feraient-
ils, sinon créer des divisions d'ordres, et renouveler à
l'infini dans toute la France les disputes de Versailles
du 5 mai au 17 juin 1789? Le droit de vote appartient
à tous ceux qu'intéressent l'honneur, la religion et la
force de la France.

L'opinion ne me semble pourtant pas absolue. Elle
réclame d'abord l'abandon du scrutin de liste qui, de
l'avis du plus grand nombre et d'après la constitution
même de 1852, fausse l'élection; un homme de talent, un
homme d'honneur couvre une liste, comme le pavillon
couvre la marchandise. Avec le scrutin de liste, les
choix ne peuvent être précis; à Paris même, où la vie
politique est plus active, l'embarras est très grand
pour inscrire les nombreux candidats dont on ignore
les titres; alors que devient le suffrage direct si la décision des comités fixe absolument le vote des électeurs? Ces comités sont autrement puissants que les

(1) *Charivari* de janvier 1874.

prétendues influences locales qu'on paraît redouter pour la sincérité des élections dans l'arrondissement.

Par le scrutin individuel, avec l'exercice de la liberté et sans pression officielle, il deviendra plus rare que le choix s'égare sur les candidats bruyants et audacieux, et dédaigne des hommes recommandables par leur talent et leur patriotisme.

Il permet d'ailleurs à tous les candidats de s'affirmer et de se défendre avec plus de précision et de portée.

La suppression du scrutin de liste ne manquera pas de produire un grand effet; je me tromperais fort si le retour au scrutin individuel et à l'élection par arrondissement, sous un gouvernement soucieux de l'opinion, n'était accueilli par la majorité comme un présage de meilleure administration.

L'opinion repousse avec énergie toute modification au § 1 de l'art. 13, décret organique du 2 février 1852, relatif à la liste électorale, qui comprend tous les électeurs habitant dans la commune depuis six mois au moins. Cette précaution légale, qui assure l'identité, est suffisante, si l'on se reporte à la constitution de 1848, dont l'art. 34 proclamait avec raison que les membres de l'Assemblée nationale sont les représentants non du département qui les nomme, mais de la France entière. En assignant à cette condition du domicile une durée de trois ans, on supprimerait plusieurs millions d'électeurs dans l'intérêt d'un parti, et l'on renouvellerait les dangers de 1850 et 1851; craindrait-on avec ce délai de six mois le déplacement calculé de masses d'électeurs?

Elle acceptera sans grande protestation le report de la majorité politique à 25 ans, quoique cette mesure supprime plus de sept cent mille électeurs. Cette majorité fut du reste — avec d'autres réserves — celle de 1788. D'abord, c'est jusqu'à cet âge que la loi militaire retient les jeunes Français dans l'armée active en leur enlevant, par une juste prudence, la capacité politique. Si l'on ne faisait que cette exception spéciale, on en arriverait à ce singulier résultat que l'infirmité physique, et peut-être les nécessités du trésor, assureraient indirectement des droits. Au point de vue philosophique même, il n'y a pas matière à protestation; l'éloignement de la politique semble presque commandé par les exigences d'études diverses, par une passion encore mal contenue, par une générosité vraie mais souvent irréfléchie, enfin par la nécessité d'un stage de la vie. Un retard de quatre années ne recule pas démesurément l'exercice d'un droit sacré et bien assuré, qui demande par ses graves conséquences de la fermeté et un sérieux examen des hommes et des faits.

On objecte en vain que la majorité civile et la majorité politique se rattachent logiquement l'une à l'autre: on peut être capable de discuter et conduire une affaire particulière, sans être apte encore à l'intelligence des problèmes politiques. Il y a entre ces deux ordres d'idées une différence importante; l'intérêt général demande naturellement plus de lumières que l'intérêt particulier, et, d'ailleurs, des hommes spéciaux sont toujours là pour suppléer pratiquement à l'inexpérience des affaires privées.

Le peuple et la presse témoignent encore d'un certain calme dans cette grande affaire; mais ils sont décidés à ne pas se payer de mots. On est persuadé qu'aucun gouvernement ne voudrait s'exposer à créer une sérieuse agitation dans le pays sous le fallacieux prétexte de sauvegarder la moralité et la sincérité du suffrage. D'ailleurs, une restriction serait fatalement temporaire et ne servirait qu'à une lutte plus vive des influences.

Il tarde à la nation de mieux se reconnaître par de nouvelles élections; je doute que le mandat impératif y figure avec honneur. En vain une partie des électeurs essaierait d'y revenir, une faible minorité seule peut s'y rattacher. Il enchaîne en effet le député; il ne laisse pas le champ assez libre pour la conciliation des idées. Si l'on en juge par quelques exemples, il serait peut-être utile à la moralité publique, mais à la condition d'être limité sérieusement à quelques grands problèmes, comme Monarchie ou République, impôts anciens ou impôt sur le revenu, liberté commerciale ou protection.

On comprendrait alors l'autorité d'un comité demandant un compte sévère au député qui trahirait par son vote l'idée qui a fait son élection. Quoi qu'il en soit, il offre des dangers pour la paix publique, et la nation n'a nul besoin d'être constamment troublée par les indécisions du député ou les réclamations d'un groupe sans mandat, à propos d'une question secondaire.

XXII. Depuis 1872, les combats au sein même de l'Assemblée, l'acharnement et le tumulte des partis inquiètent et fatiguent la France. Il serait si doux pour tous d'écarter tous ces débats pseudo-politiques pour consacrer son attention, toute son attention, aux affaires !

Le nombre même des... lutteurs est devenu l'objet de réflexions sérieuses. Sept cent cinquante membres sont-ils donc indispensables au salut de l'Etat? La grande Constituante qu'on invoque était, il est vrai, plus nombreuse, et fit d'immenses travaux ; mais elle sentit elle-même la nécessité de limiter la représentation et n'appela à lui succéder dans l'Assemblée législative que sept cent quarante-cinq membres.

Avec des conseillers d'Etat instruits, alertes, même nommés directement par l'Assemblée, malgré l'opinion de M. Guizot (1), quatre cents membres doivent suffire, sous le contrôle actif d'une presse libre, à la discussion des affaires publiques.

Je fais des vœux pour que le bon sens populaire sache de lui-même choisir les vrais représentants de ses idées et de ses intérêts : le grand industriel, qui saura traiter les intérêts internationaux ; le moyen ou petit propriétaire, qui apportera son expérience des affaires intérieures ; l'avocat, non celui qui, dans

(1) *Civilisation en Europe*, 161.

toutes les discussions, élève sa critique verbeuse, mais celui dont l'activité intellectuelle, les connaissances spéciales sont si nécessaires dans l'élaboration des lois et dont le libéralisme n'est point menteur ; quelques praticiens, et aussi quelques négociants, qui puissent, non à la tribune, mais dans les commissions, exposer et défendre les petits intérêts. Le commerce n'est point assez élevé dans les influences politiques. Lorsque Napoléon Ier voulut, par une concession tardive, se concilier l'opinion et qu'il signa l'Acte additionnel, le commerce devait avoir — par une pensée sage — dans la Chambre élective vingt-trois représentants spéciaux, élus par un mode particulier. Le commerce est prudent et libéral à la fois ; il a su à son honneur mériter la méfiance de l'absolutisme (1).

C'est une erreur de croire que plus les Assemblées sont nombreuses, mieux la nation est représentée. Dans ces Assemblées de sept à neuf cents membres, je croirais volontiers que l'intrigue et l'ambition ont un trop facile accès ; les intolérances s'y développent victorieusement, et leur éclat va troubler dans le pays les intérêts économiques, en faisant regretter parfois l'idée de Sieyès, qui transformait l'Assemblée en tribunal, avec débats seulement entre le Conseil d'Etat pour le gouvernement et le tribunat pour le peuple.

La France court encore le risque d'y trouver des

(1) V. 3ᵉ ordonnance, 1830.

déclassés de l'ordre moral, qui, pour leur orgueil et leur profit, savent si bien, suivant les temps, passer de l'hypocrisie religieuse à l'hypocrisie jacobine, et *vice versa :* sans faire valoir encore la considération d'économie qui semblerait assez pressante, même pour imposer la gratuité, si la gratuité ne constituait pas pour la richesse un avantage ou privilége.

Mais le grand nombre nuit surtout à la marche régulière et prompte des délibérations. Il est parmi nous impossible de créer des groupes bien disciplinés, qui auraient chacun son orateur chargé exclusivement de faire valoir les travaux et les votes des réunions particulières.

Que dire de ce tumulte des ambitions qui surchargent l'attention du pays par des propositions ou grotesques ou subtiles, et fatiguent souverainement, dit-on, les grandes administrations par une activité mal ordonnée ; qui, par tant de questions accessoires, éloignent l'Assemblée du grand but d'utilité générale ; qui semblent encore préoccupées de fournir, comme en Espagne, aux prospectus futurs, une mine féconde de noms ministériels ?

Puis, les vacances sont incessantes ; le mouvement des élections agite trop fréquemment le corps électoral. De là ces désastreuses abstentions qui peuvent dérober au gouvernement la pensée vraie du pays.

XXIII. C'est aussi à ce sujet qu'une grave question est soulevée par l'opinion. Puisque le suffrage universel est l'expression de la souveraineté populaire, il doit être strictement appliqué, il doit n'offrir aucune lacune ; qu'il soit donc obligatoire, en rejetant toutefois les sanctions qui ne s'appuieraient pas simplement sur l'honneur. Un grand nombre de citoyens s'abstiennent de voter, avec une naturelle indifférence, qui voteraient avec empressement si la loi, réglant avec précision la faute et la juridiction, ordonnait à la première abstention, sans excuses valables, l'affiche du nom à la mairie du chef-lieu de canton ; à la seconde ou à la troisième, une radiation temporaire. Ah ! ils craindraient d'augmenter la peu honorable liste des exceptions qu'a énoncées le législateur de 1852 !

L'indifférence en politique comme en religion affadit et abaisse les âmes. A Athènes, une loi punissait les citoyens qui s'abstenaient dans le conflit des partis politiques.

Chaque électeur doit son avis à ses concitoyens : que son vote l'exprime. Son devoir est d'y apporter une conviction bien arrêtée, comme si son bulletin était décisif. Responsabilité grave que personne ne doit éluder !

En ce qui concerne les éligibles, il serait prudent de s'en tenir à la Constitution de 1852. Il semblerait bien qu'en exigeant, comme certains le proposent, un, deux ou trois ans de séjour dans la circonscription dont ils briguent les suffrages, la France serait plus essentiellement représentée ; l'idée séduirait encore ceux qui veulent assurer à la province une vie plus active et écarter les commissionnaires politiques que

Paris tient en réserve pour tel ou tel parti. Mais, ne serait-ce point aussi consacrer le triomphe des médiocrités et l'annulation politique d'hommes que le talent, les hauts emplois, une noble ambition retiennent sur un plus grand théâtre ? La France, par une vue trop courte de ses intérêts, courrait le risque de décapiter sa propre représentation.

Quant à la permanence, je ne la crois pas nécessaire. Il est bon, qu'après avoir discuté et légiféré pendant quelques mois, les députés — j'entends sous un régime de liberté — puissent se mettre en communication avec leurs électeurs et remplir annuellement ce devoir, que Louis XVI rappelait, le 29 septembre 1791, aux membres de la Constituante (1) dans le discours suivant :

« Pour vous qui, dans une longue et pénible carrière, avez montré un zèle infatigable, il vous reste encore un devoir à remplir lorsque vous serez dispersés sur la surface de cet empire : c'est d'exprimer à vos concitoyens le véritable sens des lois que vous avez faites pour eux, d'y rappeler ceux qui les méconnaissent, d'épurer, de réunir toutes les opinions par l'exemple que vous leur donnerez de l'amour de l'ordre et de la soumission aux lois. »

XXIV. La création d'une seconde Chambre est indispensable à la sécurité du pays, malgré le discré-

(1) Mignet, I, p. 195.

dit où cette institution est tombée par un servilisme célèbre.

Sous la République, au moins, si cette seconde Chambre cherche encore « des désirs à deviner, » ce ne pourra être que ceux du peuple.

Je doute qu'on veuille reprendre l'innovation de 1852 et relever un Sénat auquel ne serait pas confié, comme à la Chambre des pairs après les Chartes de 1814 et de 1830, le mandat de discuter et voter à nouveau les projets soumis antérieurement à la Chambre des députés.

Les sénateurs étaient nommés à vie ; cette condition, qui a pour but d'assurer l'indépendance et l'autorité est justement contraire à l'activité politique ; elle est inutile, bien plus, dangereuse pour la liberté.

L'opinion est encore indécise sur la composition, le mode de formation de cette seconde Chambre : elle a hâte de voir le législateur sérieusement à l'œuvre.

Mais pour donner une réelle autorité à cette seconde Chambre, il convient qu'elle soit entièrement élective. Composée d'une manière mixte, elle maintiendrait une lutte constante entre le pouvoir et l'opinion.

Avec des catégories d'électeurs, on ne pourrait que créer une espèce de noblesse ; qu'on ne lui donne pas d'attributions spéciales ; qu'elle ait avec la première Chambre et avec le pouvoir l'initiative des lois ; surtout que pour éviter la guerre civile, on ne lui accorde pas le droit de dissolution.

Ce serait encore s'exposer à une sérieuse impopularité que d'en organiser le recrutement futur par le choix de l'Assemblée elle-même, à la façon de l'Institut. Ce mode d'élection serait soumis inévitablement à des idées de coterie et de réaction.

Même pour elle, il serait peu prudent, sous prétexte de rendre à la propriété une influence légitime, de revenir à l'élection basée sur le cens.

La propriété a certes droit à la vigilance du pouvoir; mais elle saura bien se défendre. Ceux qui l'attaquent ignorent quelle puissante tradition, quel fait indestructible ils tentent de briser : le jour où, par hasard, une minorité audacieuse aurait vaincu la société et fait triompher son idée (pour peu de temps, je pense), c'en serait fait des sentiments de loyauté et de probité, qui se lient intimement au travail et à l'épargne. A la naissance d'un enfant, n'a-t-on pas vu quelle joie et aussi quelle ardeur! Pour qui donc le père va-t-il s'acharner au travail, pour qui chez la jeune mère cette incessante activité, cette surveillance, cette économie, si ce n'est pour un être cher, dont on assure l'avenir par un immense dévouement? Qu'on reporte ses regards sur la société nouvelle, où pour réparer l'iniquité mystérieuse des siècles, on aurait tout refondu, où la famille elle-même serait détruite : quelle confusion! Que de ruines, sur lesquelles le génie de la Paresse seul dresserait sa tête sale et alourdie !

Ces discussions ont eu un résultat indirect, heureux pour la nation : c'est de faire naître de sérieuses réflexions qui ont fortifié les idées de travail et amené

beaucoup d'hommes à compter d'abord sur leur activité, ensuite sur la fortune acquise.

Qu'importe que le titre par lequel on possède soit
un titre de nature, ou seulement d'établissement humain. Il n'en est pas moins vrai que le principe de la
propriété répond à un instinct élevé, et que d'après
Sainte-Beuve lui-même, « il est périlleux de remuer
ce fondement, si l'on ne veut ébranler et démolir. »
sans autre conséquence probable qu'un retour à la
barbarie.

La propriété n'a pas besoin d'être si particulièrement honorée et élevée ; et l'opinion repousse avec
une répugnance marquée l'idée d'une représentation
exclusive des intérêts, d'une Assemblée où viendraient
délibérer seulement cent cinquante ou deux cents
privilégiés.

La propriété possèdera toujours un crédit assez
imposant ; par elle-même, elle ne saurait donc donner un droit politique sans revenir au régime du privilége, dont la destruction a déjà coûté tant de sang.

Le suffrage direct reçoit satisfaction par les élections de la première Chambre ; rien ne s'oppose, je
pense, à l'introduction dans nos Constitutions d'un
suffrage restreint pour la seconde Chambre, de manière à assurer dans des élections bien réfléchies la
combinaison vraie des intérêts, des situations honorables et de la capacité. Qui verrait avec regret les
conseils généraux, où le mandat serait incompatible
avec celui de député, élire sans autres conditions
d'âge et de traitement que celles de la première

Chambre, ces cent cinquante ou deux cents membres ?
Ils ne sauraient être suspects à aucun parti, puisqu'ils sont eux-mêmes les élus de la nation. Alors
cette seconde Chambre ne serait jamais ce que fut la
Pairie ou le Sénat, « une vaste nécropole de pension-
naires édentés (1). »

On répondrait ainsi par deux Chambres, issues
d'élections différentes, aux prétentions du nombre et
de la qualité, également légitimes dans une société
démocratique.

Toutefois, il ne faut pas se faire, surtout pour la
France, une trop grande illusion sur le crédit de la
seconde Chambre ; pendant la paix, son rôle sera
certainement bienfaisant et efficace ; elle amortira
encore, suivant les expressions de Timon (2), les
vivacités et les audaces d'une Chambre unique ;
'ajouterai qu'une double discussion ne pourra qu'être
profitable à une nation, si vive par tempérament et
quelquefois trop prompte dans ses décisions.

Mais qu'un embarras extérieur surgisse, le sentiment public s'attachera exclusivement, à tort ou à
raison, à la Chambre issue du suffrage universel et
direct ; n'est-il pas naturel que le peuple se porte, au
commencement d'une crise, vers l'unité de pouvoir
pour y résumer sa force ?

XXV. On peut affirmer que, dans une situation

(1) Timon, *Livre des orateurs.*
(2) *Livre des orateurs*, II, p. 235.

aussi régulière, le choix que feraient les deux Chambres, réunies en Convention, d'un président (et aussi d'un vice-président) de la République, avec droit non exclusif d'initiative des lois, offrirait toutes les garanties de force et de stabilité qu'une grande nation puisse humainement désirer.

Président ! ai-je dit, sans prendre en sérieuse considération certaines discussions byzantines : une fois le titre de roi écarté, avec la conséquence si grave qu'il comporte, l'hérédité, la France a mieux à faire que rechercher s'il lui conviendrait encore d'avoir pour chef un grand électeur, un *imperator*, un proclamateur ou un stathouder.

Le choix d'un vice-président intéresse vivement la nation ! Il faut pendant le septennat un héritier légal des pouvoirs et des engagements du président.

La France a besoin d'être rassurée contre un coup du destin qui, autrement, remettrait toute la situation en cause au profit des partis, au détriment de la sécurité publique et des intérêts particuliers.

Quel serait donc l'obstacle, avec une base aussi solide, à l'établissement définitif d'une République, donnant comme aujourd'hui des gages non équivoques d'ordre et de fermeté ? En réglant mieux les positions réservées logiquement aux plus dignes par le concours ; en laissant le débat libre aux questions politiques et sociales ; en faisant sévèrement tourner le travail commun au profit de la nation, et non de quelques-uns, on affirmerait tout simplement le régime républicain, avec la loi seule sur le trône.

Dans un pays si porté à la critique, où, disait M. de Montalembert en 1849, on est d'une indulgence infatigable pour tout ce qui attaque, pour tout ce qui blâme le pouvoir, il est intéressant de mettre ce dernier à l'abri de l'ironie et de l'insulte : à la loi, expression officielle du droit, il est moins facile d'enlever le prestige et la force. Elle seule peut se faire respecter d'une manière absolue, parce qu'elle domine toutes les faiblesses et tous les caprices.

C'est elle seule qui, pure de toute considération personnelle, inattaquable, doit succéder à des régimes pour toujours détruits.

Place donc aux principes seulement !

XXVI. La République est par essence opposée aux intrigues et aux ambitions qui contrebalancent, au profit d'un homme, l'intérêt d'un peuple. La nation ne voit plus aujourd'hui, malgré tant de calomnies, avec les yeux de M. Louis Reybaud, dans un républicain, « un être doué de propriétés malfaisantes et de goûts pervers, avide du bien public » : le temps et la raison l'ont convertie à l'idée républicaine.

Dans la légitimité, dont l'idée n'est réellement pas populaire, elle redoute cet esprit que la plus grande partie du peuple explique toujours ainsi : silence, manants, nous voulons votre bonheur ; nous vous imposerons la vertu, qui vous donnera une douce résignation ?

Dans les bonapartistes, dont le parti compte encore d'assez nombreux partisans, et qui s'est accru par des maladresses royalistes, elle redoute de gros appétits, l'instinct de la dépense, et repousse des souvenirs pénibles, qui pourraient disparaître à peine par les plus grands bienfaits.

Les orléanistes, en 1871, semblaient avancés dans la faveur publique ; la haute vie des princes imposait, mais la revendication si empressée des biens confisqués en 1852 a étonné les esprits, naturellement plus faciles à effaroucher au moment même où les Prussiens comptaient notre or.

Ma conviction sincère est que la République peut mieux préparer le terrain où se développent l'émulation et l'amour désintéressé de la patrie. Loyalement comprise (sinon qu'elle disparaisse), elle n'a ni les faveurs et le faste, ni les dédains d'une monarchie ; elle n'a qu'un but, le bien public. Elle recueille toutes les volontés sans arrière-pensée et sans conditions, ne repoussant que la perfidie et la trahison. C'est bien elle qui nous diviserait le moins. Elle est encore, disait un jour le cardinal de Brienne, le gouvernement le plus franc (1).

D'après J. de Maistre, l'existence et la marche des gouvernements ne peuvent s'expliquer par des moyens humains. Il y a, dit-il en s'excusant du mot, dans chaque empire un esprit recteur qui l'anime comme l'âme anime le corps (2). Je serais presque tenté de le

(1) Quinet, *Révolution*, I, 335.
(2) *Soirées de St-P.*, I, 206.

croire, mais en reconnaissant que cet esprit recteur s'est tourné décidément vers l'idée républicaine.

La majorité des Français veut donc la République d'une manière absolue, non parce qu'elle remarque que sous cette forme tel autre peuple a obtenu un passé glorieux ou s'assure un présent prospère, mais parce que la monarchie, vraiment grande sous Henri IV et Richelieu, fut ruineuse sous Louis XIV, crapuleuse sous le régent, vile sous Louis XV, faible sous Louis XVI, despotique et écrasante sous Napoléon Ier, jésuitique sous la Restauration, mesquine et prudente jusqu'à la faiblesse sous Louis-Philippe, enfin, équivoque et désastreuse sous Napoléon III.

On pense qu'une autre expérience est à faire.

Je sais que Montesquieu a dit : « C'est mal raisonner contre la religion (ajoutons : monarchie) de rassembler dans un ouvrage une longue énumération des maux qu'elle a produits, si l'on ne fait de même celle des biens qu'elle a faits. (1)

Soit ; mais tout pesé, je crois que la République peut faire mieux. On sait que les résultats extérieurs de sa politique n'ont été compromis que par l'ambition aveugle d'un despote, et que ses conquêtes morales affirment et assurent l'intérêt et la dignité de trente millions d'hommes longtemps dédaignés. D'ailleurs elle supprime incontestablement des causes de ruine, en même temps qu'elle excite des enthousiasmes plus sincères et plus énergiques.

(1) *Esp. des Lois*, XXIV, ch. II.

Puis la République est la forme primordiale à laquelle il est logique de remonter. La volonté populaire du jour qui, disait Royer-Collard, rétracte celle de la veille sans engager celle du lendemain, ne pourrait fonder une royauté héréditaire, sans usurper contre les générations suivantes.

La minorité nourrit une haine implacable contre cette forme de gouvernement, dont le nom rappelle, il est vrai, de grands excès, mais aussi tant d'héroïsme.

A Rome, après l'établissement de la République, en 510, les Tarquins firent réclamer, dit M. Duruy, le rétablissement du roi, ou, du moins, la restitution de ses domaines et des biens de ceux qui l'avaient suivi. Leur négociation cachait une intrigue; ils échouèrent, mais les députés avaient réussi à séduire, ajoute-t-il, pour l'instruction de l'enfance, un certain nombre de patriciens « qui préféraient le service brillant d'un prince au règne des lois. »

Est-ce la vérité ou l'illusion qui évoque de pareils souvenirs ?

J'ai entendu des personnes hautement honorables condamner la République pour deux raisons : l'exagération, suivant elles, ou l'incapacité des chefs républicains, dont le triomphe serait contraire à l'intérêt national, l'accès du pouvoir rendu plus facile à la violence, à l'intrigue et à la nullité audacieuse. Elles commettent vraiment une grande injustice ou s'abandonnent à des craintes excessives : par le mouvement même des élections, à la condition qu'il ne soit pas contrarié par

des compétitions désormais inutiles, il est certain
que la lumière se ferait. Le peuple se voit forcé de
laisser à l'écart des hommes recommandables, seulement parce qu'ils s'obstinent à heurter son juste sentiment par des timidités d'un autre âge. D'ailleurs, on
ne doit pas oublier que la République n'est pas rivée
fatalement aux mêmes hommes, comme la monarchie
à la même famille. De là, sa supériorité. « Ce qui assure
aux républiques, a dit Machiavel (1), une existence
plus longue et une santé plus rigoureuse et plus soutenue qu'aux monarchies, c'est de pouvoir par la
variété et la différence de génie de leurs citoyens,
s'accommoder bien plus facilement que celles-ci aux
changements opérés par le temps. »

L'idée de République implique naturellement l'exécution de projets hardis, rompant logiquement avec le
passé, et qui peuvent être contraires aux intérêts de
quelques privilégiés; mais il est impossible d'y échapper, et le peuple se sent assez fort pour s'assurer désormais le profit des révolutions qu'il a faites. Une
royauté même y serait forcément entraînée sous peine
de mort. L'inégalité, l'intolérance et l'arbitraire doivent totalement disparaître des sociétés modernes,
quelque forme habile qu'ils empruntent; la République convient seule à cette grande tâche; mais
qu'elle sache écarter les exaltés dont la violence est
si contraire à ses principes, aussi bien que ces hommes
qui, au profit de leur ambition, trompent la foi pu-

(1) *Discours sur Tite-Live*, p. 381.

blique et abandonnent, une fois au pouvoir, les idées qu'ils défendaient auparavant.

La République doit être le régime où il sera permis, suivant le vœu de Babouc, « à ceux qui auront vieilli dans les emplois laborieux et subalternes de parvenir aux dignités. »

L'opinion publique impose donc, avec l'instruction primaire obligatoire, avec l'appel de tous les citoyens sans exception sous les drapeaux, la décentralisation administrative, la justice réelle dans la distribution des charges, la poursuite du privilége jusque dans ses derniers retranchements, la liberté de conscience sans protection spéciale, la franchise des élections, la liberté de réunion, la liberté d'association et par-dessus tout la liberté de la presse.

Elle veut, non plus des promesses, mais la vérité effective. La République appliquera ce programme avec ténacité, sans ménagements suspects, mais aussi sans brutalité? Elle n'a aucun intérêt différent de celui de tous ; seule elle peut dire avec une entière vérité : tout pour le peuple et par le peuple.

Le renouvellement après trois ans des deux chambres, et après quatre ans du président et du vice-président, garantirait efficacement la pratique des libertés ; le châtiment des traîtres devrait atteindre sans pitié l'intrigue et les surprises coupables.

L'irrésolution a perdu la royauté alors qu'elle était encore possible en France (1848); la République a le devoir d'être résolue, mais la violence l'aurait bientôt perdue.

Presque toutes les élections partielles ont proclamé la vitalité de l'idée républicaine, preuve certaine que les populations en province ont pris partout une plus claire vue de la réalité et font entièrement justice des exagérations que 1848 a fait naître et que l'empire a soigneusement nourries. Les exaltés inspirent heureusement plus de dédain que de crainte. La France a l'épouvante moins facile; l'opinion n'est plus à la merci de cent mille rentiers qui, dans un moment de panique, compromettaient leurs intérêts et la fortune publique en jetant à la fois leurs titres sur le marché; les six ou sept cent mille rentiers de 1874 offrent une résistance plus compacte aux folles impressions. La Prusse, cette dévouée observatrice de nos qualités, publie que notre mal, c'est la peur. Ce mal, heureusement, va toujours s'affaiblissant; seules, quelques hautes têtes, toujours inquiètes quand la réaction n'est pas victorieuse, pourraient préparer l'émigration des personnes après l'émigration préalable de leurs capitaux.

Trop de Français s'étaient jusqu'alors montrés indifférents à la forme de gouvernement; il leur importait peu qu'il s'appelât monarchie ou république, pourvu qu'il fît les affaires du pays. » Ils n'étaient qu'une proie facile pour les ambitieux qui jettent les promesses sans compter.

Il le faut constater; cette indifférence a fait place à un sentiment plus marqué. Ces Français, que leur propre abandon avait trahis, ont senti, surtout sur la haute affirmation de M. Thiers, que le gouvernement de la loi vaut mieux que celui d'un homme; ils veulent donc que la République fasse la nation entièrement maîtresse d'elle-même.

La raison d'économie suffirait encore, après de si colossales dépenses pour les y porter, en y ajoutant cette considération touchante que la République est chère à l'Alsace-Lorraine, dont l'espérance est de la retrouver bientôt avec la patrie.

Aucun gouvernement ne devrait se méprendre à la signification de ce grand mouvement qui agite même la catholique Bretagne, et qui remue si profondément les provinces du midi, où les exagérations radicales ont succédé aux emportements royalistes.

On comprend mieux chaque jour, malgré Burke et malgré d'autres, qu'on peut être républicain à quarante ans comme à vingt, sans faire douter de son intelligence.

C'est en vain qu'une administration réactionnaire, fût-elle savante et habile, essaierait désormais d'arrêter cet élan; c'est en vain que, plus soucieuse d'un intérêt de parti que de l'intérêt général, elle voudrait renouveler sur le suffrage universel la pression impériale. M. Thiers a bien compris la France en usant, durant sa présidence, de cette réserve extrême qui laissait vraiment libre l'expression de l'opinion.

XXVII. L'administration n'a pas entièrement la confiance publique : voilà le fait. Au milieu des fluctuations de partis et des coups de pouvoir qui déplacent si gravement les influences, la nation s'est émue

de ces remaniements de personnel, dont la fréquence
s'oppose à la connaissance exacte des besoins d'une
contrée, et facilite les conversions intéressées, contraires à la moralité publique.

Il s'est même formé une école qui, pour ne rien perdre à ces variations politiques, en est venue à mesurer
avec une prudence suspecte son admiration, son assentiment ou sa désapprobation.

Quand un gouvernement comprendra bien que son
devoir est d'interpréter simplement les sentiments de
la France sans chercher à les entraver; quand il
pliera sans réserve son idée à l'idée générale, et s'ins-
pirera seulement d'un sentiment supérieur d'impar-
tialité, il demandera au concours et non à la faveur,
sans considération de parti et d'orgueil, ses représentants dans le pays.

Alors d'après un vœu, souvent exprimé, les sous-
préfets, devenus de simples agents de transmission,
surveillants inutiles du développement de la vie
sociale, auront vécu. La France est organisée, l'État
n'a plus, comme en l'an VIII, « à faire succéder
— par les préfets et sous-préfets à la fois — au désordre et à la négligence des administrations collec-
tives la promptitude d'exécution, conséquence prévue
et nécessaire de l'unité de pouvoir; il n'a plus à donner
aux affaires des communes, des agents qui s'en occu-
pent avec une application suivie (1). »

Parlant de l'ensemble de l'administration. « Une

---

(1) *Consulat et Empire*, III, 294.

réforme, a dit M. Jules Simon, profiterait à la fois au gouvernement, qui est trop servi et par conséquent mal servi, aux fonctionnaires, qui sont à la fois les citoyens les plus disgraciés et les plus honnêtes, à la fortune publique écrasée sous la charge du budget, au caractère national que tant d'entraves à l'activité personnelle et tant d'appâts à la sollicitation énervent et dégradent, enfin à la liberté (1). »

Cette observation est d'autant plus juste que le peuple semble trouver ce joug trop pesant ; il serait temps d'ailleurs d'habituer les citoyens à compter davantage sur leur propre force.

Mais aussi comment refréner, dans une certaine classe, cette fureur pour les places, « mal ancien chez nous, disait P.-L. Courier (2). Est-il donc vrai que n'être pas fonctionnaire, c'est n'être rien ? » Hélas ! combien de malheureux ignorent que le respect des personnes et la dignité sans arrogance ne sont pas encore les vertus de certains tyranneaux, qui réclament de leurs inférieurs le respect avec les formes du servilisme ! Quand la démocratie soufflera-t-elle enfin sur cette poussière ?

L'opinion a accueilli avec joie la rentrée de l'administration dans le droit commun par l'effet du décret du 19 septembre 1870, qui abroge l'article 75 de la Constitution de l'an VIII, ainsi que les autres dispositions de lois ayant pour objet d'entraver les poursuites contre les fonctionnaires publics.

(1) *La Liberté*.
(2) Lettres au rédacteur du *Censeur*, 11.

La Constituante et la Convention se sont préoccupées surtout, en séparant le pouvoir administratif et le pouvoir judiciaire, d'empêcher ce dernier de gêner l'action de l'autorité administrative par une ingérence dont les parlements avaient abusé. C'est sous cette impression que le législateur de l'an VIII avait élevé la garantie constitutionnelle, c'est-à-dire le privilége pour les agents du gouvernement de ne pouvoir être poursuivis devant les tribunaux sans l'autorisation préalable de l'administration.

Cette raison politique a disparu ; puis la signification de la loi avait été de plus en plus exagérée par la cour de cassation et surtout par le Conseil d'État qui s'était attribué des pouvoirs excessifs (1).

Le gouvernement de la Défense nationale, en mettant fin aux abus qui résultaient de cette situation privilégiée, a rendu un service réel au pays. « Nul n'ignore, a dit le rapporteur de la commission, le 24 février 1872 (2), que la disposition de l'art. 75, destinée à protéger les fonctionnaires contre des poursuites inspirées par des animosités privées ou par l'esprit de parti, n'avait que trop souvent assuré l'impunité de leurs fautes en suspendant à leur profit le cours régulier de la justice. »

XXVIII. Nous avons besoin d'une école pratique,

---

(1) V. Dalloz, R. P., 1872, I, 387.

(2) Commission chargée de contrôler les décrets du gouvernement de la Défense nationale.

qui donne l'habitude de la responsabilité : elle doit se former non-seulement par la liberté et la loyauté des élections, mais surtout par la déclaration de majorité des communes, qui leur permette, sans l'immixtion incessante de l'État, d'administrer leurs propres affaires, et de nommer leurs magistrats en dehors des préoccupations politiques.

En dût-il résulter quelques abus, quelque tyrannie, l'opinion se prononce énergiquement pour cette grande expérience de la liberté, si conforme à la raison.

Répudions cette école peu virile, qui voudrait arracher assez de vignes pour que le vin ne fût plus qu'une espèce de remède, sous prétexte qu'il est la source des plus grands maux parmi les peuples, qu'il cause les maladies, les querelles, les séditions, l'oisiveté, le dégoût du travail, les désordre des familles (1).

Il faut à la tête de la commune un citoyen qui la représente par l'élection, et non un agent qui la domine, comme à un degré supérieur, le préfet administre le département : c'est, je le crois, une proposition fondamentale en politique.

La commune libre se rattache suffisamment à la grande unité par le suffrage universel, l'impôt et l'armée.

Un très-large développement de la vie publique

_____

(1) V. Fénelon, *Télémaque*.

peut seul affirmer les capacités et les caractères. Il est illogique et absurde de demander dans les jours de crise des hommes capables et résolus, si, dans les temps ordinaires, l'État n'a pris soin d'en former par l'exercice de la liberté. Ah! que tout irait mieux si on laissait faire la fourmillière! a dit d'Argenson (1). Et l'organisation libre de la commune est encore la garantie la plus efficace contre une haute tyrannie.

Veut-on, sans danger pour l'unité politique, c'est-à-dire pour l'autorité indispensable au Pouvoir dans les question d'intérêt général, élever, par des luttes intéressantes, le niveau de l'instruction politique, gage certain de modération ; qu'on affranchisse donc la commune ; puis, conformément aux constitutions du 5 fructidor, an III, et du 4 novembre 1848 (2), qu'on substitue à ces conseils d'arrondissements, que néglige l'attention publique, des conseils cantonaux, où, sous la présidence d'un conseiller général, comme des assises sont présidées par un conseiller de justice, les maires des communes viennent chaque année, et pendant quelques jours, en séance publique, rédiger des cahiers d'intérêt local. Qu'on investisse le conseil général du droit de consacrer ou de repousser ces demandes, sur les conclusions du préfet, représentant de l'État.

On créerait ainsi dans chaque département une animation féconde; mais il importe que les conseils gé-

---

(1) V. Aubertin, *Esprit du* xviiie *siècle*, p. 203.
(2) Qui n'ont eu aucune suite.

néraux se laissent moins tenter de joindre, contrairement aux lois, des vœux politiques à l'expression de leur opinion sur l'état et les besoins des services publics dans le département : d'abord le courage ici ne peut être mis en cause, puisque la seule sanction est un décret d'annulation; mais la moralité publique est incontestablement intéressée à l'exécution stricte des lois par les représentants à tous les degrés de la souveraineté nationale.

D'ailleurs, sur ce point, c'est aux électeurs seuls d'agir par le droit de réunion et le droit de pétition.

On ferait ainsi sortir de la foule beaucoup de bons esprits, inconscients de leur valeur réelle, qui hésitent souvent, par une réserve honorable, à briguer une représentation à laquelle rien ne les a préparés. Que de forces alors acquises au pays, qui dans les provinces se dissipent sans emploi !

Il ne faut pas compter ces égoïstes citoyens, qui par amour d'un indigne repos, se confient dans l'activité du pouvoir, quel qu'il soit, et se désintéressent absolument des affaires publiques; ces citoyens encore, que la peur d'une blessure éloigne des débats poliques, où peut-être ils n'apporteraient que l'indécision ou la témérité.

XXIX. Ces discussions au chef-lieu de canton, au chef-lieu du département donneraient des éléments de vie à cette presse de province, qui travaille trop souvent sans profit et sans gloire, et qui pourrait

échapper ainsi à la ruine et à des tentatives d'avilissement. Elle y trouverait un grand sujet de discussion
et de ressources pour retenir l'attention, et former
l'opinion. Enfin, elle pourrait lutter, dans une certaine
mesure, contre l'influence absorbante de la presse
parisienne.

Je ne parlerai de la presse que comme d'une gar-
dienne, dévouée jusqu'à la mort, des droits et de la
dignité de la nation.

Sa puissance est redoutable : tous les sujets lui
appartiennent. Mais cette puissance est légitime
parce qu'elle a pour contre-poids une immense responsabilité.

Pour le malheur de la France, elle a été trop longtemps asservie à des lois restrictives ; trop longtemps,
la liberté fut pour elle un vain mot.

Quand donc verrons-nous cette grande tribune
assurée, sans rudesse et sans persécution, à tous les
hommes d'initiative qu'inspire et entraîne l'âpre recherche du bien public ! Mais aussi, quand les hommes
d'État auront-ils bien médité l'immortel monologue
de Figaro...

Aujourd'hui, la presse semble inquiète, et peu sûre
encore de l'avenir. Elle est aux mains d'écrivains
dont le patriotisme ne peut être contesté, mais qu'une
passion violente, hormis quelques exceptions, jette
les uns contre les autres, souvent avec l'oubli d'un
respect naturel qu'on n'aurait droit de refuser qu'aux
opinions, formées par l'intrigue et la cupidité. Que de
querelles alors regrettables, étrangères à l'intérêt

public ! Parlant des gens de lettres, Duclos disait : Des hommes stupides, assez éclairés par l'envie, trop orgueilleux pour l'avouer, peuvent seuls être charmés de voir ceux qu'ils seraient obligés de respecter s'humilier les uns les autres (1). »

Le journalisme sérieux, méthodique, froid, est soutenu et respecté par l'opinion ; mais il ne suffit pas à la majorité qui aime les mouvements chaleureux, le combat, l'agitation d'un drapeau, et à qui, faut-il l'avouer, la passion même ne déplaît pas absolument.

Cet enseignement constant, l'étude quotidienne de la politique et de l'économie sociale, les dangers de cette profession, qu'on ne transforme en sacerdoce que pour aggraver sa responsabilité, font de la presse, mais de la presse libre et placée sous la garantie du jury, une école élevée pour la direction des affaires publiques comme pour l'éducation du sentiment national.

C'est à l'opinion, naturellement, de faire justice des ambitieux qui cherchent dans une opposition brutale à tout gouvernement un brevet de capacité, aussi bien que des bohémiens qui ne laissent leur trace dans la société qu'à la façon de l'escargot.

Dans le grand travail de rénovation que la guerre allemande nous a imposé, la Presse doit faire entendre ses voix pour stimuler les indécisions, con-

(1) *Considérations sur les mœurs*, p. 278.

tenir les violences, signaler les abus, réveiller et grandir les sentiments de charité et de patriotisme, interpréter enfin la volonté générale en dominant ses émotions, défaillance ou colère. Quel grand rôle ! Et combien il exige d'érudition et de fermeté !

C'est encore à la presse seule de représenter dans l'avenir les minorités ; à elle de jeter loyalement le cri d'alarme lorsque l'accord est brisé entre la Chambre et le pays ; à elle peut-être de supprimer entre les peuples les subtilités diplomatiques. « Le jour approche, disait déjà Proudhon en 1846, où un combat à outrance sera livré entre le socialisme et l'économie politique, entre la prohibition et la non-prohibition, entre la démocratie et la monarchie. Cette bataille ne doit pas employer le canon, mais la presse... » j'ajoute, avec la liberté des réunions publiques.

Elle doit être dégagée de l'arbitraire ; que craint-on ? La France est-elle donc, par une calomnie odieuse, jugée indigne d'institutions entièrement libres ?

M. de Serre, en 1819, parut presque l'établir, lorsque « se raidissant contre le refoulement des partis, contre la démocratie des élections et contre les menaces de la presse, » il opposa l'Amérique et l'Angleterre à la France (1) :

« En Amérique, la licence de la presse est tolérable, elle est même un ressort utile de la démocratie, parce que la population est naturellement calme et froide, absorbée par les travaux de la culture et du

____

(1) Cormenin, *M. de Serre*, I. 316.

négoce, encore indépendante des besoins de l'esprit et des tourments de l'ambition ; en Angleterre, où le temps a accumulé sur une haute aristocratie une influence, des dignités, des richesses et des possessions presque royales, les journaux et même leur licence sont admirables pour mettre un frein à l'orgueil des grands, pour leur rappeler ce qu'ils doivent au trône et au peuple, pour leur inculquer enfin chaque jour que l'influence ne se peut conserver que comme elle a été acquise, par la science et le courage, par le patriotisme et les services. »

Mais dans un pays démocratique comme le nôtre, la presse a une tâche aussi belle à remplir ; libre, et contenue seulement par des lois équitables, ne serait-elle pas utile pour refréner les fausses espérances d'une aristocratie décidément vaincue, ou d'une plutocratie insolente ; pour rappeler au peuple qui monte qu'il n'a pas seulement des droits mais aussi des devoirs à remplir, et que ses violences seraient aussi odieuses que le vieux despotisme ; elle serait utile surtout pour combattre l'apathie et l'égoïsme de cette bourgeoisie qui pourrait par de minces sacrifices assurer la paix sociale.

Enfin, si la nation n'est pas « naturellement calme et froide, » la presse la servirait efficacement en poursuivant de ses rudes attaques les abus, les excès, les arrogances et les hypocrisies qui l'ont tenue trop longtemps dans l'inquiétude et l'irritation.

M. de Montalembert n'a pas manqué, en 1849, de proclamer que le tempérament de la France n'est pas assez robuste pour résister au régime de la liberté absolue. Il voulait bien sauver la liberté... mais en la limitant. Lui aussi se faisait alarmiste : « Le siége de notre société est commencé (1); plusieurs assauts, s'écriait-il, ont été livrés; ils ont été repoussés; mais c'est à peine si vous avez désarmé vos ennemis; vous leur avez ôté leurs fusils, mais non leurs idées... L'armée assiégeante est comme la lave du volcan qui bouillonne toujours; qui l'entretient, cette lave? la mauvaise presse. » Et il adjurait les conservateurs de profiter de leur majorité dans la Chambre pour faire de bonnes lois, c'est-à-dire pour consolider l'autorité, pour fortifier le pouvoir, pour sauver cette société tous les jours menacée, sapée, ébranlée.

Ah ! je ne crois pas que ce soit par de si « bonnes lois » qu'on enlève à ces ennemis leurs idées ! C'est par la libre discussion. Quelle singulière société que la nôtre, d'après ces pessimistes ! Il semble que nous soyons constamment à la veille des grands jours de la spoliation et du pillage. Je croirais plus volontiers que la France est prête à tout entendre, et résolue à marcher droit sur les épouvantails qu'on dresse devant elle et dont l'obscurité fait des spectres malveillants. C'est la démocratie encore et non le radicalisme qui coule à pleins bords.

Mais c'est dans la presse même qu'un gouvernement sincèrement libéral doit trouver ces hommes qui, « étrangers au pouvoir, n'en étant ni les déposi-

(1) Discours du 21 juillet 1849.

taires ni les confidents » le soutiendront librement, le protégeront, le maintiendront avec toute la force que donnent le talent et l'honnêteté.

Dieu nous garde donc d'un retour aux entraves, ou directes par la censure, ou indirectes par des mesures d'une subtile légalité, et par l'augmentation des charges. Et surtout qu'on fasse disparaître des lois sur la presse, les expressions philosophiques de leur nature peu précises, qui prêtent trop facilement à la poursuite, quelque garantie que laisse le jury.

Un gouvernement qui ne doit pas douter de lui, s'il ne veut qu'obéir à la volonté nationale, se gardera de l'astreindre aussi à une législation trop compliquée : sa prospérité l'intéresse; des rapports officiels l'éclaireront-ils jamais sur l'esprit public aussi complétement que la presse ?

C'est la compression encore qui nourrit la calomnie; avec la liberté, le talent seul monte, et retient l'attention, en se faisant, avec l'autorité de la vérité, le dénonciateur modéré, qui traîne à la barre de l'opinion les hommes et les faits.

Et pour les grandes administrations, quel stimulant, ce me semble, quand elles ont à leur tête un homme vraiment intelligent, toujours attentif, pour le profit du pays, aux avis, aux critiques et aux projets de la presse, sans préoccupation d'origine !

Ce n'est pas évidemment que la liberté doive élargir les cœurs et fonder pour toujours la générosité; mais si elle ne supprime pas la déclamation, le scandale, l'outrage, elle rend les situations plus nettes, moins périlleuses pour le pouvoir comme pour les individus, que vengent au besoin le droit de réplique et les tribunaux.

Je n'attacherai pas une grande importance à la distinction entre ce qu'on appelle, dans la langue des partis, la presse légère (1) et la presse sérieuse. Celle-ci a pris dans l'opinion depuis quatre ans une position très-forte et s'est assuré une part sérieuse dans la considération des autres peuples. Pour celle-là, je ne veux que constater les vives attaques dont elle est l'objet. Un moraliste chrétien (2) « l'a dénoncée comme l'auxiliaire le plus efficace de notre corruption morale »; elle semble s'être donné, dit-il, pour mission de satisfaire toutes les curiosités malsaines... elle semble avoir profité des années pendant lesquelles l'Empire crut faire merveille de désintéresser le pays de ses propres affaires en en prenant la gestion irresponsable pour donner cet aliment quotidien à un public qui voyait l'ennui des grands journaux politiques croître avec leur format.... Mais si ces entreprises de presse ont augmenté le mal, c'est de ce mal lui-même que d'abord elles avaient pris naissance.... » Cette fois, il le faut avouer, si elle blesse quelquefois par un rire bruyant le sentiment intime, assombri par le souvenir récent de nos défaites, si

---

(1) « Légère, » prétend M. de Pontmartin, pour la distinguer de la littérature lourde. V. *Nouveaux samedis*, p. 40.

(2) A. de Margerie, *Restauration de la France*, p. 115.

elle est très-riche d'ironie et de sarcasme, elle représente un côté de l'esprit français. Mais ces finesses hardies, qu'inspire assez souvent l'esprit de Catulle, ces indiscrétions piquantes, ces révélations inutiles, mais d'un tour original, le lecteur sait en faire généralement une juste appréciation ; ces attaques légères, l'opinion sait fort bien les compléter ou les réduire.

Je ne crois pas que le goût en soit faussé, ni la répulsion du vice affaiblie. Peut-être dans le monde féminin, où cette presse a depuis vingt ans résolûment pénétré, l'esprit, abusant parfois de ses immunités, et prenant trop facilement son bien où il le trouve, excite-t-il quelque curiosité malsaine, et trouble-t-il quelque faible cerveau ? Je pense que ces faits exceptionnels resteront sans influence sur la moralité et l'énergie nationales.

C'est sous une forme légère, avec une plume fine et mordante, qu'on réprime aujourd'hui l'immondice qui s'élève.

Nous aurions tort de tant redouter la licence ; comme toute violence, elle passe vite, et malgré tout le mal que les Français aiment à dire d'eux-mêmes, les mœurs publiques sont assez fortes pour l'arrêter, et pour repousser les attaques dangereuses aux principes supérieurs. Quand tous les citoyens peuvent librement parler et écrire, imprimer et publier leur pensée, qu'importe à la société que les systèmes se heurtent et se détruisent, même avec bruit, pourvu que la loi soit assez armée pour empêcher l'abaissement des pouvoirs légalement constitués et punir la résistance à leurs actes? Alors, la répression n'a pas besoin de prendre des détours jésuitiques.

XXX. Sous un régime de liberté, l'indépendance des magistrats est mieux assurée.

Notre magistrature offre des garanties sérieuses de fermeté; elle est — pourrait-elle l'oublier? — l'héritière de « cette antique magistrature qui, même sous le pouvoir absolu, conservait l'image de la liberté dans l'indépendance de la justice (1).

Sous l'Empire, elle fut l'objet d'attaques très-vives, et le peuple s'émut hautement de certaines complaisances et de certaines sévérités. Aujourd'hui, le sentiment public est plus calme, aussi plus juste, et la magistrature est l'objet d'une respectueuse estime. On la croit réellement capable « de soumettre la justice politique aux principes inflexibles qui gouvernent la justice ordinaire (2). »

Le reflet des parlements, s'il exista jamais, a complétement disparu; la magistrature se montre sans réserve fidèle à sa mission, incapable d'usurper sur les lois et de viser l'action politique.

Elle s'appuie sur un barreau, dont l'habile activité est justement réputée, dont l'esprit est énergiquement opposé au pédantisme. C'est avec plaisir qu'on voit disparaître de plus en plus ces hommes qui, « au lieu d'être des défenseurs modérés, se font volontiers inso-

---

(1) Villemain, *Éloge de L'Hôpital*, I.
(2) Rapport Depeyre, affaire J. Napoléon.

lents privilégiés. » S'il est toutefois un reproche à faire à la plupart des membres de ce barreau, c'est de nourrir constamment une arrière-pensée politique, au lieu de s'abandonner entièrement à l'ambition légitime de prendre rang parmi les magistrats « après avoir blanchi dans le travail et la bonne renommée. » (Villemain.)

Quelques réformes seront sans doute imposées à la magistrature.

Il a été question de lui adjoindre l'institution du jury civil ; le mode facile de formation des tribunaux de commerce, et l'autorité dont ils jouissent sans conteste avaient encouragé cette idée, mais on ne se méfiait pas assez que le domaine commercial est plus limité que le civil, dont les divisions et distinctions sont si délicates.

M. Bonjean a traité cette question avec une grande autorité (1). » En France, dit-il, l'institution du jury, acceptée avec faveur pour les affaires criminelles, a été universellement repoussée pour les affaires civiles. » Il se demande si ce n'est pas le produit du préjugé et de l'irréflexion ; si l'opposition n'est pas venue surtout des hommes de pratique et de barreau, peu amateurs de réformes.... Il ne lui paraît pas démontré que des magistrats permanents soient dans de meilleures conditions que des jurés pour décider de ces affaires. « Les jurés, dit-il encore, ont un esprit dégagé des préjugés et des préventions qu'engendre

(1) *Des actions*, t. I, p. 207.

nécessairement la pratique. » Il est même un ordre de
questions où les jurés lui semblent avoir une supériorité incontestée; d'après les art. 1156, 1159, Code
civil, les conventions doivent être interprétées, non
d'après leur sens littéral, mais d'après la commune
intention des parties contractantes; ce qui est ambigu
s'interprète par ce qui est d'usage dans le pays. D'a-
près l'art. 1135, les conventions obligent à toutes les
suites que l'usage, l'équité ou la loi donnent à l'obligation, d'après sa nature.

Alors il s'appuie sur les tribunaux de commerce et
les conseils de prud'hommes. Et il ajoute : Pourquoi
ne soumettrait-on pas à des agriculteurs et à des pro-
priétaires, à des armateurs, à des marins, etc., les
procès qui les intéressent? Que sont les experts,
si ce n'est des jurés irréguliers, qui ont tous les inconvénients du jury sans en avoir les avantages.

Il nie qu'il est impossible de bien séparer les questions de fait des questions de droit, considérant cette
assertion comme au moins exagérée, et il cite à l'appui de son opinion des exemples nombreux où la question est nettement tranchée.

Quelle que soit la valeur de ces arguments, l'opinion semble y rester insensible; peut-être verrait-elle
dans l'organisation du jury civil :

Une suspicion pénible pour la magistrature; une
mise en mouvement trop considérable de citoyens,
détournés sans grand profit pour l'éducation publique
de leurs travaux.... et gratuitement, à moins d'augmenter encore les frais de justice, car l'emploi d'ex-

perts ou hommes de l'art n'en serait pas moins indispensable dans la plupart des cas; une lenteur presque inévitable, résultant de l'inexpérience relative des jurés; la difficulté de poser les questions d'une manière assez précise pour éviter les malentendus et les erreurs; enfin une complication nouvelle et gênante du rouage judiciaire.

Elle applique son attention à un projet plus radical et plus pratique.

Des hommes autorisés ont demandé la suppression d'un tiers des tribunaux de première instance et des cours d'appel.

L'ancienne division territoriale a été bouleversée pour toujours par la transformation des voies de communication; et les titres de propriété se sont partout précisés et simplifiés. Il est vrai que des écrivains, haut placés dans la science du droit, semblent craindre que la vie intellectuelle dans les petites villes ne reçoive de cette réforme une atteinte grave, par la disparition d'éléments intelligents et libéraux qui constituent l'ensemble d'un tribunal.

Cette observation mérite l'attention des réformateurs. Cependant, il ne faudrait pas oublier, quant à la magistrature, que sous le prétexte d'une dignité sévère, qui retienne toujours le respect, je l'ai souvent entendu accuser de garder une réserve hautaine qui la rend un peu étrangère à l'esprit public.

Mais ne serait-il pas plus urgent d'augmenter la compétence des juges de paix?

Cette magistrature fut amoindrie sous l'Empire, tant qu'elle fut à la merci de l'administration ; le ministère libéral de 1870 voulut même l'en dégager pour la relever et répondre ainsi à une pensée générale. Comme son influence serait bienfaisante et forte, si elle était entièrement désintéressée des considérations politiques !

L'opinion s'attache, dans un sentiment certain et vigoureux, à cette innovation, aussi bien qu'à la nécessité d'une procédure plus rapide et moins coûteuse et d'une révision partielle des lois, qui donne à la jurisprudence des bornes plus sûres ; mais elle considérerait les intérêts publics comme trahis, si la magistrature, cessant d'être inamovible, était soumise à l'élection, et si la publicité de l'instruction devait un jour être absolue.

XXXI. L'objet le plus constant, sans contredit, de la préoccupation nationale, est l'armée.

La France, en perdant M. Thiers, a trouvé du moins dans son successeur, avec une loyauté incontestée, une expérience spéciale qui ne pouvait que profiter à son relèvement militaire.

Son plus ardent désir est de jeter enfin le tronçon de cette épée, brisée à Wœrth et à Sedan par la fatalité, pour en reprendre une autre mieux trempée.

Lors de la déclaration de guerre, en 1870, peu de Français, même parmi les pessimistes de tempérament, pouvaient prévoir des défaites aussi terribles, une invasion aussi écrasante. Qui donc aurait cru à la possibilité d'entamer la France? Elle avait perdu depuis longtemps l'esprit de conquête; elle accepta cette guerre, dont la cause était mal déterminée, sans l'avoir réclamée comme sans la craindre, pensant la faire avec des forces normales.

On avait bien osé dire, mais sans éclat, que la guerre de 1859 avait trahi une grande faiblesse dans le commandement et surtout dans l'organisation générale (1), que celle du Mexique avait suffi pour vider les magasins et compromettre pour quelques années les ressources ordinaires; mais quoique l'élan national se ressentît de la méfiance sourde qu'inspirait l'Empire, pour la France, la vieille réputation de son armée assurait encore l'avenir.

D'ailleurs, la tradition impériale semblait si incompatible avec l'idée de faiblesse militaire! Est-ce donc après Sadowa, alors qu'un conflit était toujours imminent entre la Prusse arrogante et la France susceptible, que le gouvernement de Napoléon III pouvait se décider à la guerre, sans y jeter tous les éléments de sa puissance?

Pensée horrible! Le démembrement de la patrie est aujourd'hui un fait accompli. Mais, grâce à des ressources considérables, presque inespérées, grâce à son crédit et à son activité, elle peut encore s'armer pour sauver le droit de nouvelles atteintes, et pour préve-

(1) V. *Enquête sur le matériel*, rapport Riant, mai 1873. « Nous sommes restés au dépourvu chaque fois qu'a eu lieu la guerre. » — Confirmation de ces bruits antérieurs.

nir ou venger ces insultes dont certains sont toujours prêts à accabler une nation qu'ils croiraient mourante.

« Tôt ou tard, a dit Chateaubriand (1), il faudra rentrer dans la guerre civilisée, que savait encore Moreau, guerre qui laisse les peuples en repos tandis qu'un petit nombre de soldats font leur devoir; il faudra en revenir à l'art des retraites, à la défense d'un pays au moyen de places fortes, aux manœuvres patientes qui ne coûtent que des heures en épargnant des hommes. »

Quel autre langage Chateaubriand tiendrait aujourd'hui ! M. Gambetta a exprimé le sentiment public avec vérité, en disant un jour « qu'à une nation armée, c'est une nation armée qu'il faut opposer. »

A la fin du XIXe siècle, ce sont les masses énormes qui devront se combattre et se massacrer.

L'égalité pour l'impôt du sang doit donc être absolue ; ce n'est plus à quelques soldats, mais à tous les citoyens qu'on assignera justement les fatigues, les dangers, la mort, pour la défense de la patrie.

La loi du 27 juillet 1872, dont l'art. 1er proclame que « tout Français doit le service militaire personnel, » a donné à l'opinion, résolûment lancée en avant, une satisfaction presque complète. Toutefois, certaines exceptions, l'organisation des engagements conditionnels avec une durée de service si courte, ont paru au peuple, naturellement soupçonneux, déguiser quelque privilége.

(1) *Souvenirs d'outre-tombe*, t. V, p. 453.

Ces mesures ont peut-être été inspirées par une
pensée sage, qui exige la progression méthodique dans
l'idée ; peut-être une réforme radicale eût-elle en-
traîné des conséquences graves, en désorganisant les
études sérieuses ; cependant, quand on tourne ses regards vers l'Allemagne, quand on lit les insultes qui
ont accueilli nos frères malheureux, on songe à l'honneur et à la sécurité de la France, on se demande avec
inquétude s'il convient d'admettre dans la loi quelque
atténuation, quelque restriction.

La nation aurait vu dans le service militaire, réduit
mais absolument égal pour tous, non-seulement une
garantie de sûreté extérieure, mais encore une bonne
école, où l'esprit d'égalité et de tolérance se serait
développé sûrement par la rencontre amicale dans les
mêmes devoirs, où se serait cimentée enfin la paix
sociale.

Quels qu'aient été les regrets de l'opinion, l'institution du volontariat donnera encore d'excellents
résultats ; elle communiquera aux soldats, par une
heureuse émulation, un sentiment de la discipline
plus élevé et plus ferme ; elle élargira l'esprit de
l'armée ; elle contiendra la brutalité, quelquefois prise
pour l'énergie, et rendra absolument impossible ce
type que Mme Roland a décrit : « C'était un vieux
soldat, demi-abruti, sans esprit, sans caractère, qui, à
la faveur du mauvais langage, de quelques jurements,
du goût du vin, d'une certaine intrépidité, acquérait
de la popularité dans les armées, parmi des machines

stipendiées, toujours dupes de qui les frappe sur l'épaule et les tutoie. »

C'est dans les engagés volontaires d'un an que la France espère surtout trouver cette intelligence, cette indépendance d'esprit, mais aussi cette discipline, qui firent si grande l'armée d'Italie avec Bonaparte. Qu'ils combattent à leur rang sans fuir ni chercher le danger et que, dans les mauvais jours, s'il en est encore pour nous, ils sachent lutter contre les défaillances-désastreuses que peut amener l'impéritie d'un général. L'armée entière, instruite pas ses malheurs, doit accueillir avec joie ces éléments, vraiment supérieurs et nécessaires, ces jeunes hommes, destinés pendant la paix à resserrer les liens entre officiers et soldats et pendant la guerre à relever l'épée-de chefs glorieusement tombés, rôle d'une importance considérable, qui impose des égards, mais sans privilége et sans faiblesse. Avec eux enfin, l'armée sera moins isolée de la nation : elle offrira moins de prise à ces ambitieux toujours tentés de dire, avec un empereur romain : « Contentez les soldats et ne vous inquiétez pas du reste. »

Les questions de finances, et peut-être des questions plus délicates et plus graves, ont jusqu'alors pesé sur l'armée : je ne veux faire qu'une observation, c'est que le gouvernément qui aura la volonté et trouvera les ressources pour armer la nation tout entière et en former des masses redoutables méritera bien de la patrie ! car il lui rendra, avec le sentiment vrai de sa force, l'espérance, la certitude d'un avenir plus fier.

Aussi rien n'émeut plus profondément le pays que ce cri d'alarme, que de temps à autre lui jette un publiciste, dénonçant encore un reste d'inertie ou de désorganisation. Avec des hommes éclairés, qui ont reçu à la tête de nos armées des affronts immérités, ne serait-ce point un blasphème que d'y ajouter foi ? Dans des temps où les haines sont devenues entre peuples presque aussi vives et aussi ingénieuses qu'entre individus, où les rois forment des alliances suspectes ; qui voudrait, par de fausses économies, laisser l'honneur et la fortune de la France à la merci de voraces ennemis ? Serions-nous donc, grâce à des considérations secondaires, exposés sans défense à une de ces querelles, que la langue populaire a qualifiées ?

Oui, tous les Français sans exception doivent être soldats ! Qu'on suive hardiment le grand exemple des sociétés antiques, dont l'histoire est le fond de l'éducation moderne. « A Rome, le service militaire était dû jusqu'à cinquante ans ; à Athènes, jusqu'à soixante ; à Sparte, toujours (1). » Comment la Convention a-t-elle sauvé la France ? En faisant preuve d'une résolution terrible, qui n'admettait pas les demi-mesures. Elle savait aussi s'inspirer de cette sévérité implacable, qui assure le respect et la puissance. Auguste fit vendre à l'encan les biens et la personne d'un chevalier qui avait coupé les pouces à ses deux jeunes fils pour les soustraire au service militaire (2). La Convention l'aurait tué.

(1) F. de Coulanges, *Cité antique*, p. 263.
(2) *Suétone*, p. 81.

C'est au gouvernement de préparer tout pour une lutte qui nous sera peut-être imposée ; à la nation de prêter l'oreille encore aux énergiques paroles de Barrère en 1793 : « Tous les Français, tous les sexes, tous les âges sont appelés par la patrie à défendre la liberté. Toutes les facultés physiques ou morales, tous les moyens politiques ou industriels lui sont acquis ; tous les métaux, tous les éléments sont ses tributaires. Que chacun occupe son poste..... Les jeunes gens combattront ; les hommes mariés forgeront les armes, transporteront les bagages et l'artillerie, prépareront les subsistances......; les femmes porteront leurs soins hospitaliers dans les asiles des blessés ; les enfants mettront le vieux linge en charpie..... ; les maisons nationales seront converties en casernes... tous les chevaux de selle seront requis pour la cavalerie ; tous les chevaux de voiture pour l'artillerie (1)... » Le gouvernement de la Défense nationale, gardien de l'honneur national, aurait voulu appliquer ce système, mais il était fatalement impuissant devant le débordement prussien ; la France était déjà condamnée.

Au XIIᵉ siècle, le roi de France trouva dans les villes, constituées municipalement (2), « avec la sujétion effective, des subsides réguliers et des milices capables de discipline : partout les bourgeois étaient organisés en compagnies, armés régulièrement et exercés au tir de l'arc et de l'arbalète. » Ce que la

(1) Mignet, *Révolution française*, 13.
(2) *Tiers-État*. Aug. Thierry, p. 39.

France, au XIXe siècle, doit pouvoir opposer à l'ennemi, en mettant cette tradition à profit, c'est d'a-
bord une grande armée ou avant-garde de six cent
mille soldats, qui réunisse dans le même service et le
même enthousiasme les races diverses ; puis une
armée immense, corps régionaux, comprenant douze
cent mille hommes, qui, sans rien enlever aux forces
du pays, aient reçu dans les cantons une instruction
complète. Les exercices sérieux et le tir donneront
seuls à cette seconde masse la confiance et le respect
qui ont tant fait défaut à l'institution de la garde nationale. Pour le tir, la République n'a pas, pour en
redouter les abus, les mêmes raisons que l'Empire,
qui, dans l'intérêt de sa propre sûreté, laissa les
campagnes si complétement désarmées devant l'invasion. D'ailleurs, à des entreprises perfides ne saurait-
elle opposer l'autorité de la loi, appuyée d'une manière sûre par les forces respectables de camps établis
sur de nombreux points du territoire ?

Surtout que la France évite avec horreur ces élections militaires qui, à une autre époque de notre histoire, ont bien pu reconnaître le courage et le vrai
talent, mais qui, le plus souvent, n'accorderaient les
grades qu'à l'audace ou à l'intrigue, sous l'inspiration
de la passion.

« On ne peut trop hâter, disait Alfred de Vigny (1),
l'époque où les armées seront identifiées à la nation, »
et il ajoutait à cette réflexion un vœu que je crois ir-

---

(1) *Servitude et grandeur militaires.*

réalisable : « Si elle doit acheminer au temps où les armées et la guerre ne seront plus, et où le globe ne portera plus qu'une nation, unanime enfin sur ses formes sociales. » Il était dans la vérité lorsqu'il disait encore : « Le dédain de la guerre s'accroît dans les esprits, en même temps que dans les cœurs le dégoût de ses cruautés froides. »

Cependant, par une fatalité terrible, c'est contre ces sentiments que la France est tenue de lutter, si elle ne veut pas dans l'avenir être encore amoindrie et mutilée. La voix des philanthropes retentira dans le désert tant qu'il y aura des spoliés et des spoliateurs ; que les nations en prennent donc leur parti, la France d'abord.

Je lisais un jour qu'à Berlin une réunion importante s'était formée pour travailler à la pacification du monde ; rien de plus naturel que d'assurer la digestion du nouveau Minotaure.

La France ne peut plus être crédule et imprévoyante qu'au péril de sa vie.

Les Prussiens prétendent que la France est trop révolutionnaire pour accepter la discipline qu'impose sa nouvelle organisation ; que le service obligatoire est contraire à ses mœurs ; enfin que ses crises politiques fréquentes ne peuvent qu'ébranler la loyauté et la fidélité du soldat, démoralisé par les flatteries ou les attaques des partis. Trève donc aux luttes intestines ; profitons d'avertissements si sérieux.

Je considérerais comme un incontestable avantage pour la France que le régime républicain pût être dé-

finitivement fixé parmi nous, parce que, par sa propre
solidité, il assurerait l'union patriotique en découra-
geant des espérances inutiles et dissolvantes.

Quoi qu'il advienne, je doute que l'armée française
consente jamais à oublier son devoir, qui est d'obéir
aux gouvernements établis, pour jeter son épée,
comme en Espagne, au milieu des incidents politiques. Loin d'elle la pensée d'obéir à des décrets qui
en feraient l'exécutrice de desseins tyranniques contre
une Assemblée qui, dépositaire du pouvoir souverain,
l'appellerait à la défense de la loi, le plus saint des
devoirs. Quels qu'aient été le génie de Bonaparte en
1799 et les périls de la société française en 1851, le
18 brumaire et le 2 décembre sont des dates funestes
dans l'histoire de l'armée française. En 1851, surtout,
le pays, dont elle sembla se détacher pour suivre la
fortune d'un homme, en a ressenti une émotion
sourde, qui n'a complétement disparu qu'après la
guerre d'Italie.

La défense de la loi, de l'honneur et de l'indépendance de la France, voilà sa noble tâche.

Aujourd'hui si, grâce à une guerre inouïe, elle a
perdu une partie de son prestige, on apprécie mieux
les causes diverses qui ont préparé son anéantissement de 1870. Méprisant quelques singes ou ânes qui,
revêtus de la peau de l'homme, ajoutent par l'injure à
ses douleurs, le peuple voit toujours en elle la meilleure
partie de lui-même; il sait que, malgré quelques motifs de découragement, elle n'a pas perdu la foi en
son honneur et en son courage, et qu'elle se prépare

à une lutte possible avec une patriotique ténacité.

La France s'intéresse fiévreusement à ce que ses soldats reprennent cette constance et cette discipline qui les ont soutenus sous les murs de Sébastopol; exemple mémorable qui a prouvé que les Français, en dépit de dispositions naturelles que Machiavel (1) découvre et signale brutalement, savent garder jusqu'à la fin de l'action la valeur qui les rend si terribles au commencement. Et la guerre d'Allemagne ne doit pas égarer le jugement de l'Europe, car elle fut plus qu'une défaite; elle fut un écrasement si effrayant qu'il ne pouvait se rapporter qu'à des causes extraordinaires. L'immensité même de la victoire est de nature à amoindrir un peu la gloire, sinon le profit de cette guerre, de cette expédition industrielle, a-t-on dit. La France n'a combattu qu'avec une force à demi organisée, et l'armée de Metz, sa suprême espérance, s'est vue brisée par des événements ou des calculs qu'auraient sans doute dominés ces commissaires de la Convention, dont un officier supérieur n'a pas craint, après la catastrophe, d'invoquer le terrible souvenir.

Tous les généraux français ont-ils aussi trouvé en eux le talent qui sait utiliser les faibles ressources et atténuer les désastres? Ont-ils eu cette fermeté qui donne à chacun la vue bien nette de ses obligations? C'est une question que je ne puis trancher; mais j'ai été frappé de cette déposition d'un intendant dans

(1) *Discours sur Tite-Live*, p. 447.

l'enquête sur le matériel de guerre : « Dans la correspondance de divers généraux avec le ministre de la guerre, dit-il, j'ai été à même de voir que le cri du cœur était celui-ci : « Donnez-moi un intendant bien « débrouillard, c'est-à-dire qui me soulage par sa « capacité d'une partie de la responsabilité qui m'incombe. » Parlant du grand ouvrage de M. Thiers, « on voit, dit Sainte-Beuve (1), Napoléon, au moment de sa campagne d'hiver en Espagne, s'occuper avant tout de deux choses en fait d'approvisionnement : de la chaussure et de la capote de ses soldats. Eh! qui n'aimerait à savoir au juste ces préoccupations de l'intendant militaire en grand chez Annibal ou chez Alexandre? »

Le soldat français sent admirablement quand la capacité ou l'énergie fait défaut. « Il est invincible, écrit Jean-Jacques Rousseau, quand il a confiance en ses chefs (2). »

L'opinion attend du ministre de la guerre qu'il combatte la routine et le favoritisme que les écrivains spéciaux ont souvent signalés; elle le soutiendra surtout quand il interdira pour toujours le mandat politique aux chefs militaires, les obligeant à se renfermer dans cette noble profession, qui réclame constamment de celui qu'elle honore la vigilance et l'étude. Sous les drapeaux, ni électeurs, ni éligibles. Ainsi, la France a lu avec un vif intérêt la lettre d'un brave

(1) *Lundis*, I, 156, M. Thiers.
(2) *Nouvelle Héloïse*, p. 500.

maréchal, en réponse à l'offre d'une candidature.
« Mon caractère et les habitudes de la vie militaire,
disait-il avec une haute simplicité, ne m'ont pas préparé aux discussions politiques. »

XXXII. Mais il ne suffit pas encore à la France de
posséder une administration désintéressée, et une
magistrature indépendante et respectée, toutes deux
fortifiées par l'institution des concours, de s'appuyer
sur une armée forte, elle doit pour la sûreté de son
crédit et de sa puissance établir correctement ses
budgets.

Le temps des mesures extraordinaires, des emprunts immenses, est passé : à l'impôt seul il faut recourir, en ménageant avec intelligence la fortune
publique. La tâche est difficile et délicate pour nos
hommes d'État, placés entre le hideux déficit et des
taxes multipliées, de jour en jour plus pesantes.

Dans la situation pressante qui nous est faite en 1874,
il n'est guère possible de s'adresser à des systèmes
nouveaux, et l'opinion, d'ailleurs, n'est pas aussi impa-
tiente de risquer des expériences dont l'insuccès, à
cette heure, serait désastreux. C'est tellement vrai,
que le sentiment en 1871, était de recourir à l'augmentation pure et simple des impôts existants.

Néanmoins, il existe des aspirations dont il serait
imprudent de méconnaître la force et qui s'appliquent
à une distribution plus exacte des charges. Oui, « la
France serait bien riche, si la répartition de l'impôt
était plus précise et plus égale ! »

L'opinion réclame avant 1880 l'introduction dans notre régime économique de cet impôt unique et progressif sur le revenu qui seul satisfait à la justice, et qui ne semble impraticable à beaucoup qu'en raison des recherches subtiles et inquisitoriales et des difficultés de contrôle qu'il comporterait.

Je crois que cette considération n'est pas assez grave pour arrêter le législateur, sincèrement préoccupé de la condition malheureuse des classes ouvrières, surtout s'il observe de quelle délicate mission l'administration de l'enregistrement est déjà chargée, avec quelle précision elle connaît la fortune privée, et quels résultats elle obtient par des investigations habiles, généralement acceptées sans impatience.

Les maires, les adjoints, les répartiteurs sauraient aussi bien, sans inquisition et sans vexation, une fois la classification établie, comme en matière de contribution foncière, arriver chaque année à la répartition individuelle, en tenant bon compte des diverses espèces de revenus.

Quand la maxime machiavélique que quiconque fait des lois doit supposer les hommes méchants serait vraie, il n'est pas moins certain que la perspicacité de tant d'agents aurait vite raison de la fraude et de l'avarice ; avec les répartiteurs, les percepteurs et des vérificateurs, l'Etat ne serait-il pas assuré d'un recouvrement exact ?

En septembre 1789, Necker proposa une contribution *extraordinaire* du quart du revenu. « Chaque citoyen devait le fixer lui-même, en employant cette formule de serment si simple et qui peint si bien ces temps de loyauté et de patriotisme : Je déclare avec vérité (1). » C'est même à cette occasion que Mirabeau prononça son fameux discours : « Votez ce subside extraordinaire, et puisse-t-il être suffisant !... La banqueroute, la hideuse banqueroute est là : elle menace de consumer, vous, vos propriétés, votre honneur, et vous délibérez ? »

En 1848, M. Goudchaux proposa, mais sans succès, l'impôt sur le revenu. Alors les questions économiques et sociales étaient les questions dominantes. Alors des hommes qui, plus tard, ont chanté la palinodie, prétendaient bien entendre la voix du peuple et réclamaient en son nom la suppression d'impôts pour lui vexatoires et onéreux.

En 1849, M. Passy échoua devant la sourde opposition de l'esprit réactionnaire.

Mais l'avenir est à cet impôt unique : on sent qu'il est de plus en plus difficile d'y échapper, et qu'il doit prendre la place de ce système financier dont M. de Girardin a dit : « C'est la confusion des taxes, c'est l'arbitraire fiscal, c'est le mensonge légal, c'est l'anarchie de l'impôt ; nulle observation, nulle science ! toujours l'empirisme s'imposant par la nécessité. »

La justice est inévitable : par cette révolution financière, que de haines apaisées ! En y faisant participer, dans une mesure législativement fixée, les villes dont les finances sont obérées, on doit arriver

_____

(1) Mignet, _Révolution française_, I, 139.

à la suppression absolue des octrois, dits de bienfaisance par la loi de vendémiaire an VII, qui enlèvent en réalité aux pauvres une partie de leur subsistance, au détriment de leur santé et de leur moralité.

Une telle révolution arrêterait enfin les tentatives de financiers aux abois, qui, par un retour funeste vers le passé, osent encore menacer la liberté commerciale ; elle assurerait la paix sociale, en supprimant des inquiétudes et des souffrances qui font de l'existence de l'ouvrier une perpétuelle misère. Qu'un homme d'autorité se lève et fasse passer résolûment ce système, de l'idée vague de justice à la forme pratique ; la France est prête à le suivre, car elles ne manquent pas, les âmes généreuses que préoccupe profondément la misère humaine, et qui, désolées de leur impuissance pour la supprimer, veulent l'atténuer le plus possible !

Si le peuple français avait un jour la conviction que les charges sont, dans la mesure humaine, équitablement réparties, on ne saurait croire avec quel large patriotisme il accepterait les plus lourds sacrifices. Dans notre état de trouble moral, c'est l'idée qui agite le plus les esprits.

Est-il donc impossible de connaître avec une exactitude relative, suffisante pour l'impôt, la fortune et le nombre : 1° des contribuables qui tirent leur revenu du sol ou d'une créance ; 2° des contribuables qui le tirent du salaire, c'est-à-dire de leurs facultés personnelles ?

La première catégorie devrait naturellement une

taxe plus élevée, puisque la valeur protégée est à a
fois précise, plus considérable et plus solide.

Quant à la limite du revenu imposable, j'admettrais
qu'on la descendît autant que la fortune publique le
permettrait, afin de laisser aux travailleurs, aux
petits rentiers, aux retraités, leur subsistance intacte.
Il n'est pas indispensable, à mon avis, sous prétexte
de ne pas blesser les susceptibilités populaires, de
réclamer jusqu'en bas une parcelle d'impôt ; il suffit
des considérations morales, pour ne pas être étranger à la marche de la machine nationale.

Par ce système, le législateur atteindrait certainement le luxe et la vanité. Alors les Crésus du dix-
neuvième siècle paieraient à la société des sommes
plus en rapport avec leur fortune, et lui rendraient
ainsi, comme il est juste, cette part que les impôts
indirects prélèvent sur la ration, souvent insuffisante
à la faim du malheureux.

Les mœurs s'améliorent avec le vivre physique, a
dit P.-L. Courier.

Un grand publiciste (1) a cru trouver dans l'assurance la solution de ce problème, qui intéresse la
morale, l'ordre et la justice.

Son système est logique : il est l'application ingénieuse de la définition de l'impôt par Montesquieu (2) :
« Les revenus de l'Etat sont une portion que chaque
citoyen donne de son bien pour avoir la sûreté de

(1) M. de Girardin.
(2) *Esprit des Lois*, liv. XIII, ch. I.

l'autre (1)..., sans prendre au peuple sur ses besoins réels pour des besoins de l'État imaginaires. »

L'opinion n'en est pas fortement pénétrée; d'ailleurs, est-il plus réalisable que l'impôt sur le revenu? tiendrait-il meilleur compte des ressources acquises par la propriété comme par l'industrie personnelle? Il laisserait, je crois, la porte plus grandement ouverte ou à l'imprévoyance ou à la dissimulation, au grand détriment du Trésor.

XXXIII. En attendant que l'État se décide à donner au peuple une satisfaction, par l'étude des conditions de l'impôt sur le revenu, il conviendrait, par quelques réformes partielles, d'améliorer la distribution des charges.

Une proposition, qui a été faite au sein de l'Assemblée nationale, s'est surtout imposée à l'attention publique : elle renferme une idée si féconde et si simple, qu'on s'étonne de ne pas l'avoir vue surgir plus tôt; elle est d'une importance considérable pour les intérêts agricoles et politiques du pays. Plus de quatre millions d'hectares, a dit un député (2), ont été défrichés depuis 1840 : ils ne sont pas ou ils sont peu imposés. Par la révision totale du cadastre, dont l'entreprise remonte à l'arrêté du 27 vendémiaire an XII, l'État doit donc trouver des ressources nou-

(1) Propriété et fruits de la propriété; fruits de l'industrie et du travail.
(2) M. Feray.

velles, qu'il est difficile de préciser, mais qui dépasseraient peut-être cent millions.

Le redressement nécessaire des erreurs et des omissions de toutes espèces, est un travail long, pénible, mais qui ne peut, en raison de résultats certains, intéressants pour l'État comme pour les particuliers, effrayer le gouvernement et les communes. Ce n'est pas avec les embarras actuels de notre budget, qu'on néglige une si importante source de revenus? Et, quand le travail ne devrait pas donner un résultat prochain, il est d'une bonne et honnête politique de travailler, sans retard, pour enlever aux générations suivantes une partie de cette pesante dette, que nos fautes de 1870 ont tant élevée.

C'est le seul point par lequel on doive toucher à la propriété : car elle supporte une double charge, celle de l'impôt et celle de la dette hypothécaire, dont il n'est fait aucune déduction dans les calculs de la loi fiscale; directement donc, et indirectement par les transmissions, elle fournit à l'État autant (et plus) qu'elle peut fournir.

La transformation de la contribution personnelle et mobilière, en impôt de quotité, donnerait encore des ressources supérieures. Un député (1), dans une pensée juste et vraie, demande au législateur qu'il tienne compte désormais du nombre des personnes dont se compose la famille, et qu'il prenne pour base

(1) M. Jozon.

le prix exact de la location, facile à contrôler depuis
la loi sur l'enregistrement des baux.

Cet impôt, par sa simplicité, se comprend et s'impose; on y trouverait sans doute l'avantage d'abandonner de misérables taxes, dont l'augmentation incessante, d'après les expériences d'une nation voisine,
est si contraire à la consommation et aux produits.
Bien plus, le contribuable connaîtrait son droit avec
précision; il ne serait plus exposé à des augmenta-
tions qui, à tort ou à raison, lui paraissent arbitraires,
et qui le mécontentent, sans qu'il puisse ou qu'il ose
formuler une plainte, parce qu'il n'a pas à sa disposition tous les termes de comparaison et que le chiffre
fixé est toujours inférieur à la valeur de la location.

L'impôt sur l'enregistrement frappe principalement
les classes riches : mais il est arrivé à la limite extrême,
au delà de laquelle il y aurait un arrêt certain dans
les transactions.

Si l'on devait y recourir encore, il vaudrait autant, dans la direction d'idées de quelques novateurs,
supprimer les actes sous seings-privés, qui sont
presque toujours inintelligibles et incomplets et ser-
vent souvent à la fraude sous le couvert de la liberté
des conventions; exiger l'authenticité pour tous les
actes qui concernent la propriété foncière, en dimi-
nuant les tarifs des notaires; charger ceux-ci, en
échange d'un si grand avantage, sous la garantie d'un
cautionnement et le contrôle de vérificateurs, de rece-

voir les droits et de les verser dans les caisses des percepteurs.

La réforme serait radicale ; elle procurerait à l'État une économie sérieuse sur les frais de perception, en même temps qu'elle augmenterait ses recettes par l'exactitude des déclarations, question qui, en 1775, préoccupait vivement Turgot (1) ; l'influence d'un homme honnête et éclairé fixerait heureusement tant de consciences, qui « délicates et scrupuleuses dans leurs relations privées, ne craignent pas de se soustraire à l'impôt, ou d'essayer d'atténuer leur part contributive dans les charges publiques (2).... » Mais aussi elle blesserait tant de droits acquis !

Quant aux droits de succession, ils sont d'autant plus considérables que par une réelle difficulté d'application, il est impossible de les percevoir sur l'actif, en faisant la déduction du passif ; l'État en effet serait trop facilement désarmé, il verrait sa situation sérieusement compromise ou par la facilité de la fraude, ou encore par l'obligation de réviser les tarifs pour trouver dans les bonnes successions ce que les mauvaises ne sauraient plus lui donner. Et cependant, ce sont les moins riches et les pauvres qui souffrent de cet embarras !

Il est donc nécessaire de s'arrêter dans cette voie d'augmentation ; la doctrine si hardie de d'Argenson

(1) V. Henri Martin, t. 19.
(2) Rapport de M. Mathieu Bodet, *Loi sur l'enregistrement,* 23-25 avril 1871.

serait encore préférable à tous les expédients nouveaux: « pas de successibilité entre collatéraux (1), »
j'ajoute : autres que oncles, tantes, neveux et nièces,
et retour à l'État, dans un but de bienfaisance, des
biens dont le défunt n'aurait pas disposé par testa-
ment.

C'est surtout en pareille matière que l'attention la
plus sérieuse est due aux réclamations populaires, en
dehors naturellement de certaines exagérations, faciles à apprécier ; une bonne législation fiscale sera
pour tout gouvernement une garantie certaine de
durée.

Le besoin de trouver l'équilibre du budget a fait
naître une proposition désastreuse pour le crédit de
l'État, et dont heureusement l'Assemblée a fait justice : impôt sur la rente.

Notre loyauté encore exige le respect des engagements contractés avec les rentiers de la France et du
monde entier. Mais il est bon d'ajouter que la justice
et l'intérêt bien entendu des contribuables repoussent
pour de futurs emprunts les conditions exception-
nelles, c'est-à-dire le privilége.

Le point capital est d'attaquer avec vigueur l'esprit de fraude, que des taxes si nombreuses et si vexatoires ont naturellement développé. Beccaria a fixé
la justice aussi sur ce point : « L'impôt, dit-il, est une
partie de la législation si essentielle et si difficile, et
il y a des manières de frauder les droits qui y nuisent

_____

(1) V. Aubertin, *Esprit public au* xviiiᵉ *siècle*, p. 208, note.

tellement, que de semblables délits méritent des peines considérables (1). »

XXXIV. J'ai dans l'énergie de la France une confiance entière.

« Quelle nation que la française, a dit Voltaire (2), si on voulait! »

Après avoir souffert récemment les plus cruels désastres, dont son histoire fasse mention, elle a gardé un regret profond de ses fautes et su revenir à une plus froide et plus exacte appréciation de ses moyens; elle semble se connaître.

Son crédit était affermi par une fidélité sévère à ses engagements; par lui elle s'est empressée de faire face à une situation terrible. Elle a trouvé dans cette grande catastrophe un fécond enseignement; elle a vu comme le dédain de la liberté, la confusion politique, l'indécision et l'imprévoyance ont ouvert à la Prusse une voie facile pour arriver à l'accomplissement d'une tâche qu'on aurait pu croire impossible, et que l'ambition allemande s'était imposée dans le Parlement de Francfort.

On ne s'est pas assez rappelé parmi nous cette agitation de 1848, qui prit corps dans des revendications si audacieuses, et que M. de Bismarck mit dans son jeu. Alors les députés allemands voulaient :

Le Limbourg hollandais ;

(1) *Des Délits et des Peines.*
(2) *L'homme aux quarante écus.*

L'annexion des duchés de Holstein et de Lauenbourg;

L'annexion du Sleswig;

La création dans la Bohême de Marches allemandes;

La dislocation de l'Autriche;

La poussée des frontières allemandes jusqu'au Mincio;

Sans oublier les frères allemands de l'Alsace.

Que la France jette donc un coup d'œil sur la carte; qu'elle s'éclaire en méditant ce programme, les événements de 1848 à 1870 et le traité de Francfort.

Elle n'est plus assez forte, et surtout ne serait pas assez impitoyable pour imposer aujourd'hui une paix de Tilsitt; mais elle ne peut être une Pologne, faible et frémissante, pour toujours mutilée; elle doit puiser dans le souvenir de sa gloire passée, et surtout dans son activité et son courage, dans ses souffrances mêmes, la grande espérance d'être libre des Pyrénées au Rhin.

Après quatre années de sombres réflexions, l'âme reste toujours stupéfaite du démembrement de la patrie.

Toutes les fois, s'écriait M. de Montalembert (1), qu'on a essayé d'anéantir une nation, cette nation est devenue le châtiment de la puissance qui a essayé de l'anéantir. La nation opprimée est restée attachée comme une plaie vengeresse, toujours poignante,

_____

(1) Discours du 21 janvier 1847.

aux flancs de la puissance opprimante. » Que ce cri retentisse encore sur le monde !

Metz et Strasbourg se lèvent incessamment dans notre pensée, comme deux fantômes désolés, qui nous jettent ces noms immortels : Fabert, Kellermann et Kléber.

Metz !

Je traversais tristement les champs célèbres où tant de braves soldats moururent pour la France : je m'arrêtai près d'un tertre ; sur un médaillon, caché dans l'herbe, une main pieuse avait tracé ces vers

18 août 1872

Soldat, repose en paix : pour nos frères de France
Je t'offre avec respect ma prière et mes pleurs.
Tu tombas vaillamment, croyant à la vengeance :
La mort en te frappant t'épargna nos douleurs !
Metz, la vierge, et Strasbourg, orgueil de la patrie,
Frémissent sous le joug du rapace Prussien :
L'une, sous la mitraille a succombé meurtrie ;
Et l'autre... mais quel deuil peut être égal au sien !
Soldat, repose en paix : cette terre fidèle
Saura garder ta cendre, et de fleurs la couvrir :
Si la fortune un jour pour nous est moins cruelle,
Au pas des régiments puisses-tu tressaillir,
Quand ils viendront, émus, incliner sur ta tombe
Leurs étendards flottants, signe de liberté !

. . . .

. . . .

A ton courroux suffit cette immense hécatombe,
O Dieu ! donne à nos cœurs la force et la fierté !

. . . .

. . . .

Je reverrai ces champs, témoins des grands combats :
En priant près de toi, j'ai senti dans mon âme,
A l'amer souvenir de ton noble trépas,
De ma haine sans fin se raviver la flamme.

Est-il un effort trop pénible, un sacrifice trop dur pour assurer l'avenir de la patrie?

Depuis 1871, les autres peuples, effrayés d'une chute si étonnante, ont mesuré l'abîme où la surprise a jeté un jour cette nation puissante, dont les traditions guerrières imposaient au monde.

Qu'ont-elles fait?

Elles ont appliqué toute leur attention à un armement sérieux, et recherché l'union la plus absolue ; leurs citoyens ont serré les rangs comme devant un péril toujours possible.

La France voudrait-elle encore s'attarder et s'affaiblir dans de stériles luttes d'opinion, comme celles qui déjà la livrèrent à César (1)?

Pour se garder des discordes civiles, qu'elle se rappelle sans cesse ses campagnes pillées, ses milliards enlevés, ses provinces ravies, son honneur outragé.

Il n'est point de force durable sans la liberté, sans l'ordre aussi « qui est le bien, l'intérêt de tous (2). »

Puisse Dieu nous donner des chefs, qui aient l'esprit ferme et la tête froide, et nous épargner enfin

---

(1) V. *De bello Gallico*, liv. VI, § 11.
(2) Lamennais.

ces révolutions quasi-périodiques qui usent inutilement tant de forces précieuses, compromettent les intérêts, en augmentant la misère de quelques-uns, les embarras de tous, et troublent les consciences.

Nous avons trop longtemps entendu retentir ces mots lugubres : mépris du gouvernement, haîne des citoyens les uns contre les autres.

J'invoque, en finissant, deux grandes autorités. Avec Carnot, je dirai : « La liberté fut-elle donc montrée à l'homme pour qu'il ne pût jamais en jouir ? Non, je ne puis consentir à regarder ce bien, si universellement préféré à tous les autres, sans lequel tous les autres ne sont rien, comme une simple illusion ! Mon cœur me dit que la liberté est possible, que son régime est facile et plus stable qu'aucun gouvernement arbitraire (1). »

Avec le chancelier de L'Hôpital : « Otons ces noms diaboliques, noms de partis et de séditions, libres-penseurs, ultramontains, radicaux, réactionnaires, ne changeons le nom de Français (2). »

(1) Mignet, *Révolution française*, II, 289.
(2) V. Discours aux États de 1560.

FIN.

TABLE

Imprimerie Moderns (Barthier, dr), rue J.-J.-Rousseau, 61

EN VENTE A LA MÊME LIBRAIRIE :

Les Murailles politiques françaises, depuis la déclaration de guerre jusqu'au 24 mai 1873 ; reproduction des affiches françaises et allemandes, fac-simile et couleur. Trois volumes en vente.......... 15 »

Histoire de l'Assemblée nationale, du 8 février 1870 au 24 mai 1873, par E. Frank. Un volume in-18.............. 4 »

L'Art, la Religion et la Nature en Italie, par E. Castelar, ex-président de la République espagnole. Un volume in-18.. 3 50

Les Lieux communs, par Yves Guyot. Un volume in-32........................ » 60

Histoire de la chute de l'Empire, par J. Pointu, ancien sous-préfet. Un volume in-18................................. 2 »

Paris. — Imprimerie Moderne, Barthier, d', rue Jean-Jacques-Rousseau, 61

www.ingramcontent.com/pod-product-compliance
Lightning Source LLC
Chambersburg PA
CBHW051244050726
47594CB00001B/301